JN233039

CD-ROM付き
Windows対応

ExcelとPowerPointを使った
問題解決の実践

QCストーリーと活用手法の新展開

杉浦 忠 著

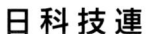

日科技連

本文中のWindows，Word，Excel，PowerPointは米国Microsoft Corporationの米国およびその他の国における登録商標または商標です．その他，本文中に現れる製品名などは，各発売元または開発メーカーの登録商標または製品です．

なお，本文中では，™および®は明記していません．

まえがき

　21世紀という新しい世紀は，国際化の進展と情報技術の革新という強烈なインパクトを受け，その対応で産業界は大きな変革が求められている．それは職場や仕事にも大きな圧力となり，仕事のやり方が大きく変わろうとしている．

　このインパクトは，職場第一線の改善活動として大きな功績を残したQCサークル活動にも影響を及ぼし，活動の停滞や撤退という動きがあるなど，先の見えない閉塞感にとらわれている．しかし一方では，業務そのものを根底から見直し，担当する一人ひとりが自主的に，自律して業務を創意工夫し，知恵を出して改善・改革して，製品やサービスそして仕事そのものの質を上げる業務遂行が職場第一線に要求されている．そして，その結果で経営に貢献する活動が求められている．

　経営に貢献する活動とするためには，上位方針へ連携するテーマの選定と，改善結果を出す活動の実践が必要であり，しかも活動の実践には，スマートかつ効率よく実施することが求められる．

　本書の特長は，改善の筋書きとして定評のあるQCストーリーをさらに効率よく成果を上げるための方法論として取り上げ，問題・課題解決のストーリーを自らの意思決定で作り上げていくこと，問題・課題を職場の方針にリンクさせながら取り上げる方法，かつ自らも納得のいくような方法を明示しているところにある．

　また，おおかたのパソコンに標準でインストールされているExcelとPower Pointを使って簡単にQC手法を活用する方法を取り上げ，活動自体を簡単に電子化する方法にも言及して，効率を上げることに配慮している．

　これらの提示はすべて改善のための１つの道具であり，この道具を使って効率と効果を高めることを目的としているので，うまく活用して欲しい．

　本書は，1991年に出版して以来7万余冊も活用していただいている『QCサークルのためのQCストーリー入門』と，1999年に出版したQCサークル活動のIT入門書『続QCサークルのためのQCストーリー入門―STEPSとサイ

バー活動のすすめ』とともに，3部作構成になっているので，前作もぜひ参考にして欲しいと思っている．

　末筆で申し訳ないが，この出版に当たってお世話になった日科技連出版社出版部の戸羽節文課長と福本一樹部員，荒川養子部員に絶大の感謝を贈りたいと思っている．
2002年5月吉日

マネジメント クォルテックス
代表　杉　浦　　忠

本書の読み方，使い方

◆ 問題・課題の解決の手順を理解したいとき

　第1章では，問題・課題の解決を効率的に実行する「QCストーリー　STEPS」の手順を，箇条書きで詳細に説明してある．このSTEPSは，独立して用いられてきた原因究明型・課題達成型のQCストーリーと，顧客ニーズに対応するQCストーリーも実践できるストーリーになっている．

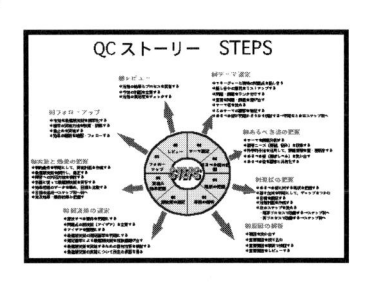

◆ 改善活動を実践したいとき

　本書に添付したCD-ROMに収録してある「e-STEPS」をガイドラインとして用いて，改善活動が実行できる．「e-STEPS」の使い方は，第2章で説明する．

　なお，CD-ROMには，原因追求型QCストーリーと課題達成型QCストーリーも同様に活用できるように「e-Story」を収録した．

◆ 改善報告書や発表スライドを作りたいとき

　「e-STEPS」に埋め込んである「e-Tools」を画面から直接活用して，改善報告書や発表スライドが作成できる．

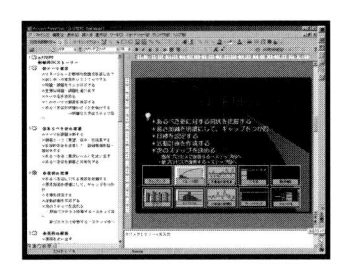

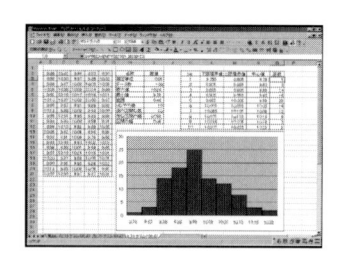

◆ e-Toolsを自分で作りたい，改造したいとき

「e-Tools」をカスタマイズして，自分専用のテンプレートが簡単に作成できる．

・第3章：QC七つ道具の書き方
・第4章：新QC七つ道具の書き方
・第5章：改善活動に役立つその他の手法の書き方

CD-ROMの使い方

　付録のCD-ROMに収録されている「e-STEPS」と「e-Tools」は，それぞれPowerPointとExcelで作成されている．したがって，これらのアプリケーションがインストールされているパソコンが必要である．

　付録のCD-ROMをパソコンのドライブに入れて，CD-ROMの入ったドライブを開く．この中の「Contents.htm」を開くと，CD-ROMのコンテンツを収録してあるトップページが表示されるので，使用したいコンテンツをクリックしてファイルを呼び出す．各コンテンツの詳細については，第2章，第3章を参照する．

　なお，これらのファイルはWindows版のPowerPoint2000及びExcel2000で作成されている．PowerPoint（Excel）97/2000以外のバージョンで動作確認はしていないので，ご了承願いたい．また，互換性については，Microsoft社のホームページのサポート技術情報で確認していただきたい．

●免責事項

　本ファイルを使った結果生じた損害などについて，杉浦忠及び弊社は責任を負いません．

注）CD-ROMに収録した弊社メールアドレスは変更となりました．転載・配付等を希望する際には，下記FAX番号にてご連絡ください．
　　FAX　03-5379-1246

目　次

まえがき　　　　　　　　　　　　　　　　　　　　　　　　iii
本書の読み方，使い方　　　　　　　　　　　　　　　　　　v

第1章　STEPS とは　　　　　　　　　　　　　　　　　　　1

1.1　効率的，効果的な改善・改革をするために　2
1.2　問題・課題の4つの種類　7
1.3　QC ストーリーの形態　9
1.4　STEPS とは　10
1.5　ステップの選択　15
1.6　STEPS の実施手順　16
　ステップ①　テーマ選定　16
　ステップ②　あるべき姿の把握　20
　ステップ③　現状の把握　23
　ステップ④　原因の解析　26
　ステップ⑤　解決策の立案　28
　ステップ⑥　実施と効果の把握　31
　ステップ⑦　フォローアップ　34
　ステップ⑧　レビュー　36

第2章　e-STEPS・e-Tools の使い方　　　　　　　　　39

2.1　CD-ROM の使い方　40
2.2　e-STEPS とは　42
2.3　テンプレート機能の使い方　44
2.4　ウィザード機能の使い方　48
2.5　e-STEPS の作り方　50

2.6　e-STEPS の使い方　　55
2.7　Excel の基本的な使い方　　58
2.8　e-Tools の変更のしかた　　62

第3章　QC七つ道具の書き方　　*69*

3.1　グラフの種類と活用法　　*70*
3.2　棒グラフ　　*73*
3.3　折れ線グラフ　　*76*
3.4　円グラフ　　*78*
3.5　レーダーチャート　　*80*
3.6　帯グラフ　　*82*
3.7　ガントチャート　　*83*
3.8　パレート図　　*87*
3.9　散布図　　*92*
3.10　特性要因図　　*98*
3.11　チェックシート　　*102*
3.12　ヒストグラム　　*108*
3.13　管理図の種類と見方・使い方　　*121*
3.14　$\bar{X}\text{-}R$ 管理図　　*125*
3.15　$\bar{X}\text{-}s$ 管理図　　*133*
3.16　$Me\text{-}R$ 管理図　　*135*
3.17　$X\text{-}R$ 管理図　　*137*
3.18　np 管理図　　*139*
3.19　p 管理図　　*142*
3.20　c 管理図　　*145*
3.21　u 管理図　　*148*
3.22　統計量の計算方法　　*151*
3.23　層　別　　*153*

第4章 新QC七つ道具の書き方　　*159*

- 4.1　言語データの層別　*160*
- 4.2　親和図　*165*
- 4.3　連関図　*170*
- 4.4　系統図　*173*
- 4.5　マトリックス図　*176*
- 4.6　PDPC法　*180*
- 4.7　アロー・ダイアグラム　*184*
- 4.8　マトリックス・データ解析法　*194*

第5章 改善活動に役立つその他の手法の書き方　　*197*

- 5.1　フローチャート　*198*
- 5.2　プロセス・マッピング　*201*
- 5.3　二元表　*206*
- 5.4　ベンチマーキング・シート　*208*
- 5.5　品質表　*212*
- 5.6　ポートフォリオ　*216*
- 5.7　ブレーン・ライティング　*219*

引用・参考文献　*223*
索　引　*225*

Part 1

STEPSとは

　STEPS (Solution Technique for Enterprise Problem Solving)とは，①原因究明，②課題達成，③顧客ニーズの把握の3つのQCストーリーを統合し，その中から必要なステップを選択して改善活動を効率的に行う問題解決の手順である．
　第1章では，STEPSの各ステップを詳細に解説する．

1.1 効率的,効果的な改善・改革をするために

　21世紀という新しい世紀は,産業界にも大きな変革を求めている.それは職場や仕事にも大きな圧力となり,仕事のやり方が大きく変わってきた.
　この変化への対応として,企業自体が経営の舵取りを変え,次のような数々の改革施策が実施されている.
　① すべての施策の視点を「お客様満足度」に合わせる.
　② より良い質,低コストを求めて国際化,海外進出を図る.
　③ 財務体質強化のためにリエンジニアリング,リストラクチャリングなどの社内改革による体質改善を実施する.
　④ 体力保持に向け,すべての施策を成果重視に収斂させている.
　⑤ より効率を求めて,情報技術の活用を図る.
　このような施策は職場第一線の改善活動へも敏感に影響し,改善活動自体を効率よく実施することと成果を上げる活動,つまり経営に貢献できる活動が強く求められるようになった.

1　改善成果を高めるQCストーリー

　職場第一線の改善活動は,取り上げた問題・課題の性質に応じて原因を追究してそれを取り除く対策を実施する改善や,課題解決の方策を科学的に立案・実施する改善を行ってきたが,いずれも取り上げた問題・課題によって改善のスタイルが決まっていく,いわゆる「決まる型」の活動であった.しかし,経営に貢献する成果を出すためには,決まる型の活動では容易に実現できない.
　そこで,経営に貢献できる成果をめざして,上位方針に直結し,挑戦的な活動にしていくために,これまでの改善の手順を再検討して構成し直し,改善の程度や成果創出の過程をチームの意思で決めていく「決める型」の改善手順(QCストーリー)を提案する.

1.1 効率的,効果的な改善・改革をするために

2 「決める型」の活動とは

　改善活動とは,本来あるべきレベル(あるべき姿)でなければならないものが,何らかの理由で不満足なレベル(現状の姿)になっているため,そのギャップを問題・課題として,それを改善するものである.このために,あるべき姿を実現することが目的であり,そのプロセスが改善の手順になるわけで,改善に参画しているメンバーがどの程度の結果を得ようと思っているかの意思によって,改善のレベルが決まり,そのレベルによって改善の手順が決まってくるはずである.従来の問題・課題の性質によって「手順が決まる」のではなく,あるべき姿をどの程度達成しようとしているかというメンバーの決意をもとに方法を決めていくことが重要になり,これにより"手順を決める"必要がある.本書ではこの改善の手順を自らの意思で選択する「決める型」のQCストーリーを採用している.

3 なぜ今,「決める型」のQCストーリーなのか

　日本でも有名な米国の経済学者P.ドラッカーは,1954年にその著書『現代の経営』において目標管理を提案しており,目標による管理の効用を説いている.
① 人間が自らの能力を十分に発揮するのは,自らが達成したいと思う目標を持ち,それにチャレンジするときである.
② 組織の目標とその構成員の目標が一致すれば,組織の効率は高くなる.
③ 自らの行為を統制することは,より強い動機付けをもたらし,最善を尽くそうという熱望を起こさせることになる.

　すなわち,目標による管理は,目標設定への参画と自己統制の二面性を持ち,自己啓発やモチベーション,さらに組織力の向上が図れるといっている.この見解は,活性化した職場第一線の改善活動の実践事例と,その結果を見れば納得がいく.つまり,自らが上位方針とリンクする方向を決め,自らが実行していく「決める型」のQCストーリーが必要になる.

1.1 効率的,効果的な改善・改革をするために

4 改善の手順を"決める"判断をする部分

自らの意思で改善の手順を決めるポイントは,次の6点で行う.
① 職場方針に呼応したテーマ選定を行う.
② あるべき姿を顧客と共に作り上げる.
③ 悪さ加減の抽出とギャップを洗い出す.
④ 自らの意思でQCストーリーの選択をする.
⑤ 改善の対策・方策を発想し,絞り込む.
⑥ 方策を強力に実施して,成果創出に努力する.

5 上位方針と連携するテーマ選定の方法

経営に貢献する活動とは,企業で実施されている方針管理あるいは目標管理との連携を行い,方針に盛り込まれた企業戦略の実現に寄与することである.

そのため,QCサークル活動自体が上位方針を正確に理解し,その達成のために積極的に改善活動を行うことが必要になってきている.さらに,上位方針を実現するために,自分たちの持つ資源を集中させ,最も上位方針に貢献できる問題点を選択して取り組む,テーマ選定が重要になってきている.

1) 戦略的テーマ選定

職場で発生している問題や課題の中からテーマを選定するときは,上司方針との関連を選定の1つの条件にして,テーマ選定マトリックスなどでチェックして決めていることが多い.しかし,この方法では,上司方針との関連性は取れるが,方針を積極的に具現化する係わり合いが弱く,

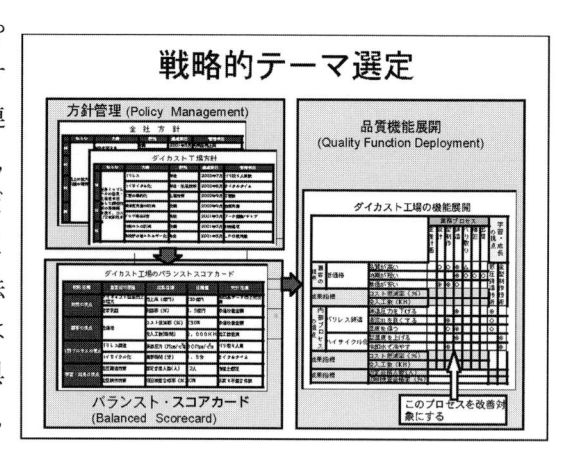

経営に貢献する活動をしているとはいいがたい．

　経営に貢献する活動とするためには，自らが積極的に方針をブレイクダウンして，連携を保ちながらテーマを選定していく必要がある．

　その1つの方法として，方針管理における上司方針を上位のビジョンととらえ，その方針をバランスト・スコアカード(BSC)で展開し，さらに品質機能展開で自分たちの業務流れ(実際の工程)に落とし込んでボトルネックを見つけ，それをテーマとする方法が考えられる．

　この方法で展開すれば，上司方針とテーマのつながりが明確になり，その全体的な位置付けと関連性の中で個々を評価するために，重要な項目を見逃すことなくテーマ選定ができる．

2)　バランスト・スコアカードの活用

　方針管理で方策が明らかになっているのに，なぜBSCが必要なのかという疑問が当然出てくると思う．BSCを取り上げた理由として，次の5つがあげられる．

①　BSCは財務の視点，顧客の視点，内部プロセスの視点，学習・成長の視点と区分が明確で，見落としが少なくなる．

②　最近の組織はきわめてフラットになっている．フラット組織では方針管理が展開しにくく，QCサークルのテーマに落ちづらくなる．BSCは自ら方針を受けて展開するので，フラット組織やネットワーク組織であっても，自らの業務の中に方針を落としやすくなる．

③　BSCは，可視化された上位の戦略とそれを伝達するコミュニケーションが基盤となり，エンパワーメントされた状況で作成する．組織が自律的に作成・管理することが基本で，改廃が自己責任の上で行われるために，スピード豊かに運営することができる．現在のように迅速な経営判断が必要な時代に合っている．

④　成果指標・先行指標の連鎖が明確で，管理がしやすくなる．

⑤　自律的，独立的に作成できるので，QCサークル活動において関連する組織とは無関係に作成しても，他への影響が少なく，きわめて作成しやすい．

このBSCを用いて展開するときは，方針を上位のビジョン・戦略ととらえる．このビジョンを受けて，重要成功要因と呼ばれるビジョンを実現する要因を財務，顧客，内部プロセス及び学習・成長の各視点であげていく．その数は，各視点に2つか3つをあげるが，あまり多くしないのがポイントである．

次に，その要因を管理するための成果指標(結果系)を決める．成果指標は各重要成功要因に対して1つか2つが妥当である．

さらに成果指標を実現する原因系の先行指標を決めておき，この先行指標の成否で結果指標をコントロールすることになる．

3) 品質機能展開の活用

BSCで展開した重要成功要因から要求項目を洗い出し，2つ以上の意味を含まないように注意した表現を使って，要求品質へ変換する．必要な項目が欠落してはならないが，要求品質の数はできるだけ絞り込んだものにして，表自体が肥大化しないように注意する．この要求品質を使って要求品質展開表を，顧客，内部プロセス，学習・成長の3つの視点で作る．財務の視点は結果の指標と見て，要求品質展開表は作成しない．

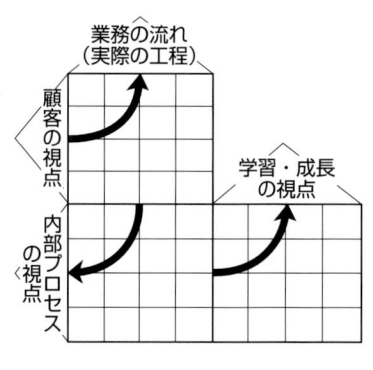

一方，品質要素展開表には，業務の流れ(実際の工程)を用いる．自分たちの組織における業務の流れをフローチャートなどにすると，漏れや大きさの均一化などにも役立つ．各視点の要求品質展開表の配置は図の通りで，BSCの縦の連鎖である．顧客の視点を実現する内部プロセスの視点，その内部プロセスを実施するために必要な学習・成長の視点というつながりになる．

さらに，これらの要求品質と業務プロセスの対応関係をとって品質表にその強さの度合いを記号で表す．対応関係は各工程と要求品質に関連があるかどうかを，強さの順に◎○△の記号で表し，関連性のない場合には記号を入れない．

最後に，業務工程ごとに記号の多さや強さで関連性が強いプロセスを改善対

象のプロセスとして取り上げ，そのプロセスでの問題点をテーマとして取り上げる．

1.2　問題・課題の4つの種類

　改善活動で最初に重要なことは，「問題・課題とは何か」を理解することである．

　問題・課題は，「問題・課題＝あるべき姿と現状の姿のギャップ」と簡単な定義ができる．さらに，その解決を行う面から，以下の4つに整理できる．
① 「原因究明」で解決する問題．
② 「現状打破」で解決する課題．
③ 「新規業務」に対応する課題．
④ 　顧客ニーズから「魅力的品質」を創造する課題．

1　「原因究明」で解決する問題

　原因究明で解決する問題とは，既存のシステムにおいて不都合が発生し，パフォーマンス・レベルが悪化する問題で，たとえば品質不良の発生などがそれに当たる．この場合は，現状を示すデータを解析して発生原因を究明し，その原因に対して除去の対策を施して解決する．職場で発生する問題の大部分はこのタイプが占めている．

2　「現状打破」で解決する課題

　現状打破で解決する課題とは，既存システムにおいてパフォーマンス・レベルを現状より大幅に改善（現状打破・ブレイクスルー）することで達成する課題で，たとえば材料に新しい素材を採用して品質レベルを格段に改善することなどがこれに当たる．この場合は，既存システムの一部ないしすべてをまったく新しい方法で代替することによって解決する．

3 「新規業務」に対応する課題

　新規業務に対応する課題とは，既存分野の技術及びノウハウなどが活用できない新しい分野について，新規にシステム構築を行うことから発生する課題のことである．たとえば，新しい会計処理システムを導入し，そのために新しい業務システムを構築する必要がある場合などがこれに当たる．

4 顧客ニーズから「魅力的品質」を創造する課題

　顧客ニーズから魅力的品質を創造する課題とは，顧客のニーズを調査・把握して，そのニーズを実現することで解決する課題のことで，顧客の要望をあるべき姿として，従来とは次元の違うシステムを発想して提案することなどがこれに当たる．

　以上の4種類の問題・課題は，下図のように表される．

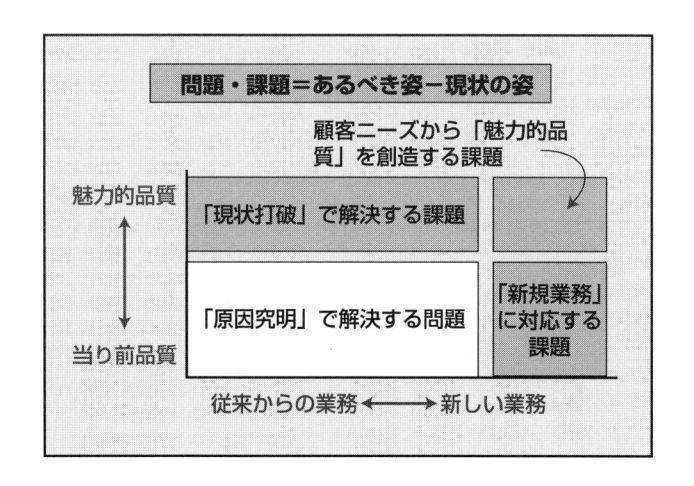

1.3　QCストーリーの形態

先にも述べたように問題・課題には4つの種類があるが，この問題・課題を解決する手段・手順をQCストーリーと呼ぶ．QCストーリーを形態で分類すると，原因を究明して解決する「原因究明型QCストーリー」，あるべき姿への到達を従来とは発想を転換して行う「課題達成型QCストーリー」，顧客ニーズからあるべき姿を特定し，その到達方策を作り上げる「顧客ニーズ把握型QCストーリー」の3つのタイプに分けられる．

1　原因究明型QCストーリー

問題を発生させている原因を追究し，その原因を除去することで問題を解決するQCストーリーで，実際の改善活動の中でも一番多く使われている手順である．既存のプロセス(やり方)で発生する問題の原因を究明して解決する問題に適用する．
① 現状から把握したデータは層別してばらつき(違い)を明確にし，悪さ加減を具体的につかむ．
② 悪さ加減を発生させている原因を追究する．

2　課題達成型QCストーリー

課題の要求レベル(あるべき姿)と現状レベルとのギャップを，従来のプロセスとは違うプロセスに転換させて解決するQCストーリーである．発想の転換を図るため，従来の問題解決(原因究明型QCストーリー)より成果が大きいという特徴がある．「現状打破」と「新規業務」に対応する課題に適用する．
① 要求レベルと現状レベルを正確に把握し，そのギャップを明確にする．
② アイデア発想の手法を用いてギャップを解決する方策を立て，新しいプロセスで実現する．

3 顧客ニーズ把握型 QC ストーリー

限定された対象の要求事項(顧客ニーズ)からあるべき姿を明確にし，そのあるべき姿を実現する方策を明らかにして課題を解決する QC ストーリーである．顧客ニーズに応える「魅力的品質」を創造する課題に適用する．

① 特定あるいは限定した対象(顧客)の要求レベルを調査して整理・統合し，顧客ニーズに応えた，あるべき姿を明確にする．
② アイデア発想の手法を用いて顧客ニーズを実現する方策で実現する．

以上の3つのタイプの QC ストーリーは，下図のように整理される．

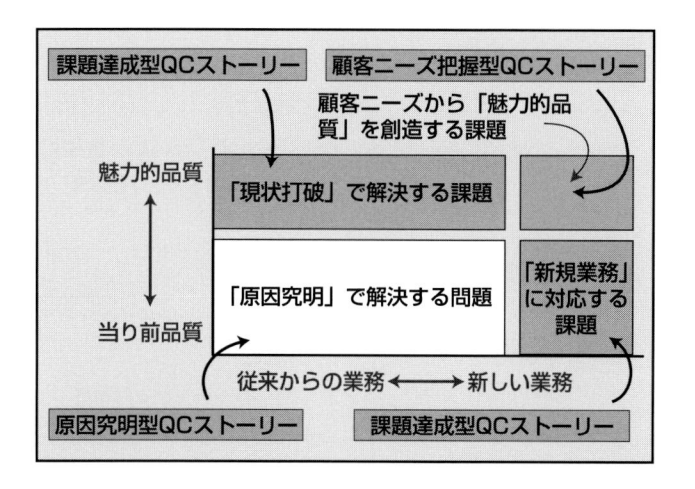

```
                課題達成型QCストーリー    顧客ニーズ把握型QCストーリー
                                        顧客ニーズから「魅力的品質」を創造する課題
    魅力的品質
                     「現状打破」で解決する課題
                                                    「新規業務」に対応する課題
                     「原因究明」で解決する問題
    当り前品質
                        従来からの業務 ←→ 新しい業務
                原因究明型QCストーリー      課題達成型QCストーリー
```

1.4　STEPSとは

この3種類の QC ストーリーは，それぞれが独立している．しかし，実際の職場では解決すべき問題・課題が明確になっていない場合が多く，QC ストーリーの選択で悩むことが多い．

STEPS (Solution Technique for Enterprise Problem Solving)は，3つの QC

1.4 STEPSとは

ストーリーを統合化し，その中から必要なステップを選択して改善活動を行うものなので，4つの問題・課題にすべて適用できる．

以下に，STEPSのステップの概要を説明する．

ステップ①　テーマ選定

改善活動を行う対象を明確にするステップである．従来はQCサークルの身近に起こる問題・課題からテーマを選択することが多かった．しかし最近は，上司方針や職場の重点課題などの方針管理と直結させたり，マネージャー(上司・推進者)とじっくり相談して，共に納得したうえで業務に直結した問題・課題から経営に貢献するテーマを選定することへの要求が強くなってきている．

取り上げたテーマのあるべき姿(要求レベル)が明確になっているかどうかをこの時点で検討して，あるべき姿が不明確なときはステップ②へ進み，あるべき姿が明確なとき，あるいは原因究明で解決する問題(あるべき姿を過去の良好な結果が出ていたレベルとする)のときはステップ③へ進む．

ステップ②　あるべき姿の把握

取り上げたテーマのあるべき姿(要求レベル)が不明確なときに実施するステップである．まず，特定あるいは限定した対象(顧客)へのヒヤリングや現場調査などによって得たバラバラの要望をデータとして整理・統合してマッピングする(要望データの関わり具合を表した図にする)．そして，その内容を顧客に提示し，内容を確認・合意したうえであるべき姿(要求レベル)とする．

ステップ③　現状の把握

テーマの現状を表す状況やデータを収集して現状レベルを把握し，そのデータを分析して悪さ加減を明確にしたうえで，ステップ②で把握したあるべき姿と比較してギャップ(実際に解決すべき問題・課題)を明らかにするステップである．

ギャップを解消してあるべき姿のレベルを達成するために，現状で実施しているプロセス(仕事のやり方)を改善するか，新しいプロセスを導入するかを決

1.4 STEPSとは

⑧ レビュー
- 活動の結果とプロセスを反省する
- 今後の計画を立案する
- 活動の満足度をチェックする

⑦ フォローアップ
- 有効な最適解決策を標準化する
- 標準の実施方法を教育・訓練する
- 歯止めを実施する
- 効果の継続を確認・フォローする

⑥ 実施と効果の把握
- 制約条件を明確にして，実施計画を作成する
- 最適解決策を試行し，修正する
- 障害への対応方法を検討する
- 実施計画に従って最適解決策を実施する
- 効果把握のデータを集め，目標と比較する
- 目標未達成→ステップ③～⑤へ
- 波及効果・無形効果も把握する

⑤ 解決策の立案
- 解決すべき要件を明確にする
- 問題点の解決策（アイデア）を立案する
- アイデアを整理する
- 最適解決策の選定基準を明確にする
- 選定基準により最適解決策を複数個選び出す
- 最適解決策を実施するための固有技術を検討する
- 最適解決策の実施について所定の承認を得る

⑧ レビュー
⑦ フォローアップ
⑥ 実施と効果の把握
⑤ 解決策の立案

ST

1.4 STEPSとは

① テーマ選定
- マネージャーと職場の問題点を話し合う
- 話し合いの意見をリストアップする
- 問題・課題をランク付けする
- 重要な問題・課題を選び出す
- テーマ名を決める
- このテーマの顧客を特定する
- あるべき姿が明確かどうかを検討する
  →明確なときはステップ③へ

② あるべき姿の把握
- テーマを課題分割する
- 顧客のニーズ(要望, 悩み)を収集する
- 科学的手法を活用して, 詳細情報を整理・統合する
- あるべき姿(要求レベル)を洗い出す
- あるべき姿を顧客と共有化する

③ 現状の把握
- あるべき姿に対する現状を把握する
- 悪さ加減を明確にして, ギャップをつかむ
- 目標を設定する
- 活動計画を作成する
- 次のステップを決める
  ・既存プロセスで改善する→ステップ④へ
  ・新プロセスで改善する→ステップ⑤へ

④ 原因の解析
- 要因を洗い出す
- 重要要因を絞り込む
- 重要要因を事実で検証する
- 重要要因をレビューする

EPS
① テーマ選定
② あるべき姿の把握
③ 現状の把握
④ 原因の解析

定する重要なステップでもある．

　現状プロセスで改善する場合はステップ④へ進み，新しいプロセスを導入して改善する場合はステップ⑤へ進む．

ステップ④　原因の解析

　現状プロセスで改善を行う場合(原因究明で解決する問題)のみに適用するステップである．ここでは，ギャップを解消するために現状の把握で明確にした悪さ加減の発生原因を追究する．現状プロセスから要因を抽出して特性要因図などに整理したり，現状プロセスから収集したデータを解析して発生原因を想定し(仮説の設定)，科学的に絞り込んで重要要因を抽出し，事実の裏付けを取って(仮説の検証)原因究明を行う．

ステップ⑤　解決策の立案

　対策や方策を立案するステップである．アイデア発想法を用いて，有効な方策や対策(解決策)をいかに科学的に立案するかが決め手になる．

ステップ⑥　実施と効果の把握

　解決策の制約条件やリスクを考慮した実施計画を作り，計画通りに実行して効果を把握し，目標を達成するステップである．

ステップ⑦　フォローアップ

　効果のあった方策や対策を継続させるように標準化，教育・訓練した後で歯止めを実施して，成果が継続している具合を管理して定着させるステップである．

ステップ⑧　レビュー

　改善活動した結果を反省し，次の活動に活かすステップである．

1.5 ステップの選択

STEPSは，問題・課題の種類によってステップを選択する．この選択は，ステップ①「テーマ選定」とステップ③「現状の把握」が終了した時点で行う．

1 あるべき姿が明確になっているか

まず，ステップ①「テーマ選定」を終了した時点で，選定したテーマのあるべき姿（目標または到達すべき姿）が明確になっているかどうかを検討する．あるべき姿が明確になっている場合はステップ③「現状の把握」を選択し，明確になっていない場合はステップ②「あるべき姿の把握」を選択する．

原因究明で解決する問題の場合は，問題が発生する前の状態があるべき姿になり，把握した現状を層別などで分析して悪さ加減を明確にしてステップ③へ進む．

現状打破で解決する課題，新規業務に対応する課題の場合は，現状打破で達成すべき目標，新規業務を立ち上げて持っていくレベルなどが，あるべき姿となる．これが明確であればステップ③へ進む．

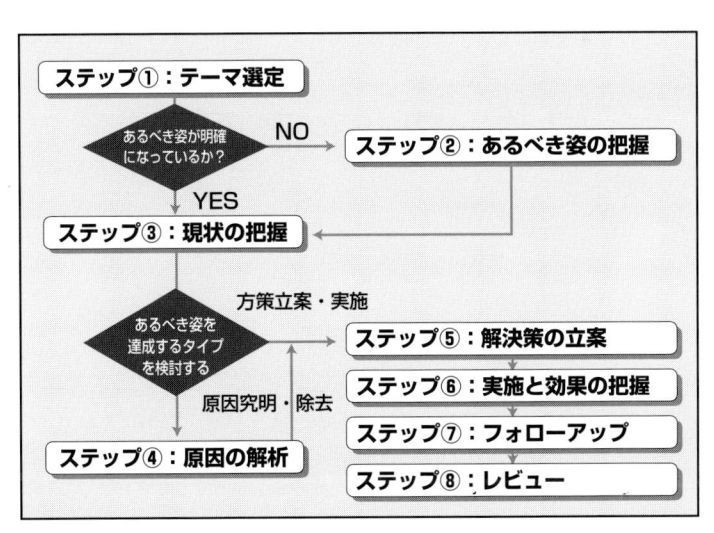

顧客ニーズから魅力的品質を創造する課題は，目標や目的のレベルは決まっているが，あるべき姿が不明確なため，ステップ②へ進む．

2　原因の解析が必要か

次に，ステップ③「現状の把握」でギャップを把握した時点で，目標または到達すべき姿が原因の究明・除去で実現するか，あるべき姿を達成する方策を立案・実施して実現するかを検討する．

原因究明・除去の場合はステップ④「原因の解析」に進み，方策立案・実施の場合はステップ⑤「解決策の立案」へ進む．すなわち，原因究明で解決する問題の場合は，目標・到達すべき姿を実現するためにステップ④「原因の解析」が必要になり，その原因を除去したあとにステップ⑤「解決策の立案」へ進む．

また，現状打破で解決する課題，新規業務に対応する課題，そして顧客ニーズから魅力的品質を創造する課題の場合は，目標・到達すべき姿を達成するために新たに方策を立てて課題を達成する活動が中心になり，有効な解決策をいかに決定するかが重要なポイントになるため，直接ステップ⑤「解決策の立案」へ進む．

1.6　STEPSの実施手順

STEPSは，8つのステップで構成されている．本節では，この8ステップで実施する手順とポイントについて解説する．

ステップ①　テーマ選定

テーマ選定は，改善活動の結果に決定的に影響する重要なステップである．自分たちが実行した改善の効果や成果は職場に活かされ，活用されなければ意味がない．このためには，解決すると職場管理，ひいては経営に貢献する問題・課題を戦略的にテーマとして選定することが必要になる．積極的にマネ

1.6 STEPSの実施手順

ージャー(上司・推進者)と相談しながら，職場の重要課題に果敢にチャレンジしたい．

テーマ選定のツールとしてBSCとQFDを活用する場合もマネージャーに積極的に関わってもらい，以下の手順を踏みながら作成すれば，より充実した内容になる．

■手順1：マネージャーと職場の問題点を話し合う

マネージャーは，日頃から自分たちの職場に対する理想の姿(あるべき姿)を描きつつ，職場を運営している．あるべき姿が明確になれば問題点が把握しやすくなるので，マネージャーとあるべき姿を話し合うことが大切である．話し合いの中からテーマを決めると，マネージャーの支援が受けやすくなるというメリットも出る．このマネージャーとの話し合いを"前向きに話し合い，戦略的な活動を作る"という願いを込めて，プロアクティブ・ミーティング(Proactive Meeting)と名付ける．

〈ポイント〉

① マネージャーとサークルメンバーが対等の立場で，自由闊達に職場の問題・課題を検討する．
② マネージャーはメンバーが理解しやすいように，図や発表技法などを駆使して丁寧に説明する．
③ メンバーは建設的に意見をいう．
④ マネージャーの回答はできる限り，Yes「よし，やろう」，No「今はできない」，More Data「もう少し調査しよう」の3語(即断即決を意味し，

プロアクティブ・ミーティングの目的

1. 自職場の最重要課題に直結する活動で「仕事の質」を上げる活動を実現する．
2. 時間内活動にも耐えられるテーマを選定することで活動時間を確保する．
3. マネージャーと問題・課題やテーマを共有し，マネージャーの指導や支援を受けやすくする．
4. テーマ選定の理由を明確にして，マネージャーとメンバー共に「納得づく」の活動を行う．

精神的な制約と考えて欲しい)に限定して，提出された意見に対して即断即決する．

■手順2：話し合いの意見をリストアップする
　プロアクティブ・ミーティングの結論で，「よし，やろう」と決まったことをどうやるか，「今はできない」となったものはなぜできないかといったことがテーマになる．「もう少し調査しよう」と再検討になった項目は，改善対象ではあるが問題が不明確ということである．しかし，この中にはテーマ候補として価値のあるものも多いので，ここからテーマを選定することもある．
〈ポイント〉
　① すべての候補をリストにして全員で検討する．
　② 「もう少し調査しよう」として再検討になった意見も簡潔にリストアップする．
　③ 検討中の意見を全員が理解しているかどうかを確認する．
　④ 意見を見直し，内容(どこが問題なのか，何が悪いのか，何を改善したいのか)を明確にして書き出す．
　⑤ 可能な限り，客観的・具体的に表現する．

■手順3：問題・課題をランク付けする
　問題・課題を選び出す際は，選定の評価基準が重要になる．評価基準はサークルで検討して決める．これにより全員の理解が進み，問題・課題の共有化が図れる．
〈ポイント〉
　① 重要度合い(緊急性，重要性，効果など)の大きい順にランク付けする．
　② 不適当な意見は振るい落とす．その際の評価基準の例を次にあげる．
　　・解決の価値があるか．
　　・サークルで解決できるか．
　　・この問題・課題を自分たちで取り扱うのが妥当か．
　　・解決したときに満足感を味わうことができるか．

1.6 STEPSの実施手順

■手順4：重要な問題・課題を選び出す

　最近はQCサークル活動にも，業務効率を高める活動として業務密着性が強く求められている．しかし，定時間内での活動時間が取りづらくなっていることも現実で，その対応としては，職場で最も改善しなければならない重要問題・課題に取り組むことがあげられる．職場での改善の重要度が高く，時間内活動にしてでも解決しなければならない重要なテーマを選択することを推奨する．すなわち，企業経営に貢献できる活動の実践の第一歩として戦略的なテーマ選定が必要になる．

〈ポイント〉
① 業務に貢献できるように，評価する要素を決める．
　・難易度：実行可能か．
　・時間：どの程度の時間がかかるか．
　・投資効率：どの程度のメリットがあるか．
② できるだけ重要度合い高いものを選ぶ．

■手順5：テーマ名を決める

　活動の中身が見えるようなテーマ名にする．わかりやすいテーマ名は活動の内容を理解しやすくするだけではなく，テーマの共有化によってメンバーの参画意識が高まり，活性化の気運を高めることができる．

〈ポイント〉
① 改善の対象，目的をテーマ名に盛り込むと内容が明確になる．
② 「何を，どの程度，どうする」と具体的に表現する．
③ テーマ名が抽象的なときは，サブテーマで補完する．

■手順6：このテーマの顧客を特定する

　問題解決は目的によってやり方がかなり変わってくる．このため，「誰のためにするのか，何のためにするのか」を討議して，そのテーマの顧客を特定し，メンバー全員で確認することが大切である．

〈ポイント〉
① テーマ活動の目的を確認し，そのメリットを享受する相手，すなわち顧

1.6 STEPSの実施手順

客(自分たちを含め,後工程,最終ユーザー,会社,従業員など)を特定する.
② 目的や顧客が特定できたらメンバー全員で確認し,合意・納得をとる.

■**手順7:あるべき姿が明確かどうかを検討する→明確なときはステップ③へ**

取り上げたテーマのあるべき姿(要求レベル)が明確になっているかどうかを検討する.

〈ポイント〉

① あるべき姿が不明確なときは,ステップ②「あるべき姿の把握」へ進む.
② あるべき姿が明確なときは,ステップ③「現状の把握」へ進む.

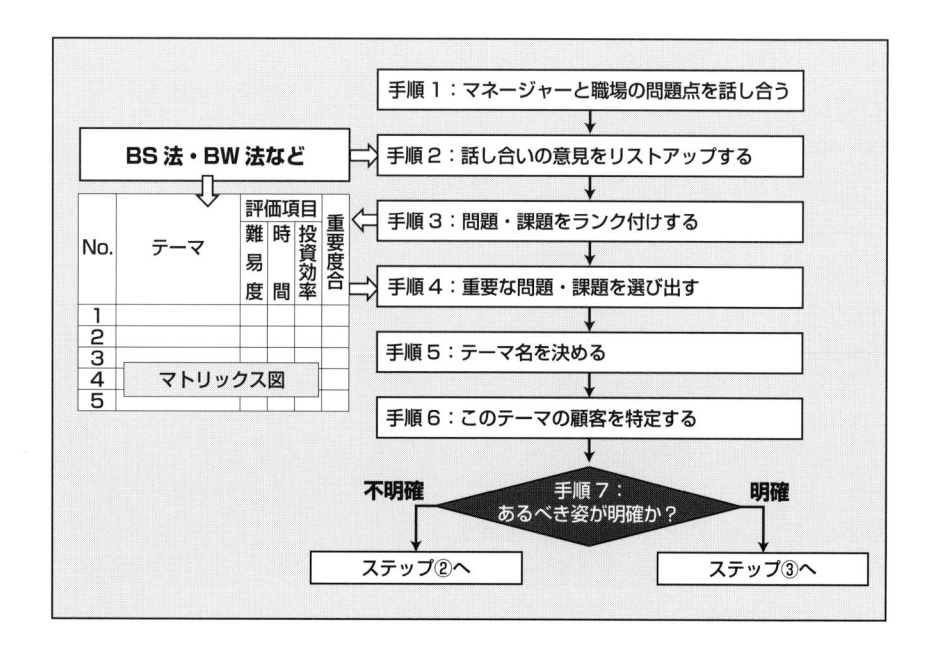

ステップ② あるべき姿の把握

あるべき姿の把握は,顧客ニーズを把握して整理・統合し,「何を(What),

20

1.6 STEPSの実施手順

どのように(How)」を明確にするステップである．

■手順1：テーマを課題分割する

　テーマをそのままのレベルで検討すると，内容が大きすぎたり，漠然としてしまうことがある．このようなときは「課題分割」を用いて細分化すると作業がやりやすくなる．課題分割とは，全体を1つで見るのではなく，構成する要素別(構成機能別など)や実施手順別など，要素別に分けて見ることをいう．
〈ポイント〉
① 取り上げたテーマを検討し，「対象となる課題」を明確にする．
② テーマを，構成する要素別(構成機能別など)や実施手順別に細分化する．

■手順2：顧客のニーズ(要望，悩み)を収集する

　対象となる課題に対して，幅広い視野で顧客のニーズ(要望，悩み)と思われるデータ(1つのニーズを1つの文章として記述する)を集める．できれば，日頃から情報を収集する仕組みを作っておくとよい．
〈ポイント〉
① 顧客(または後工程)のニーズ(要望，悩み)に関する情報を集める．
② 過去を回想して経験情報(成功・失敗例，副産物・副作用など)を集める．
③ 日頃の付き合いで小耳に挟んだ断片的な情報(日常的に収集)を集める．
④ 新聞，雑誌などから得られた情報を集める．
⑤ 三現主義で観察した事実・データを集める．
⑥ アンケート，インタビューなどで積極的・意識的に情報を集める．
⑦ 他社や他職場をベンチマーキングして情報を集める．

■手順3：科学的手法を活用して，詳細情報を整理・統合する

　把握したデータは断片的なものが多く，単独では判断できるレベルになっていない場合が多い．そこで，親和図，特性要因図，連関図や系統図などを用いて整理・統合して，顧客ニーズと思われる事項を明確にする．

〈ポイント〉
① 断片的な情報(混沌とした状況下での)でも，科学的手法を活用すれば真の顧客ニーズが把握しやすくなる．
② 親和図(KJ法)や連関図，特性要因図，系統図などの科学的手法を活用して，情報をマッピング(地図のようにつながり具合を図示化)する．
③ データの整理に当たっては，Excelの並び替え機能を活用(サイバー活動：p.160「言語データの層別」参照)すると簡単にできる．
④ 顧客ニーズはサークルで重要度を検討し，戦略的に重点志向で取り上げる．

■手順4：あるべき姿(要求レベル)を洗い出す

分割した課題別に整理・統合，マッピングした詳細情報をさらに統合して全体像を図示すると，顧客の求める「あるべき姿」が明確になる．

〈ポイント〉
① あるべき姿は顧客ニーズを実現することを第一とする．
② 自分たちのシーズ(知識・技能など)を前提にして顧客のニーズを評価しても，顧客のニーズを把握したことにはならない．
③ 顧客もあるべき姿が明確になっていないことが多い．それを顧客と共に明確にしていこうとする認識が大切である．
④ あるべき姿を決定するときは，自分たちの持っているシーズも当然検討の条件になる．
⑤ 自分たちのスキルが不足しているときは，活動の中で開発することが必要になる．

■手順5：あるべき姿を顧客と共有化する

自分たちでとらえ，図示したあるべき姿を顧客に提示し，把握のしかたに誤りがないか，不足がないかを検討してもらい，意見を求める．このとき，いただいた意見は整理し，図示して，再度顧客と内容を検討・合意して「あるべき姿」を確定する．

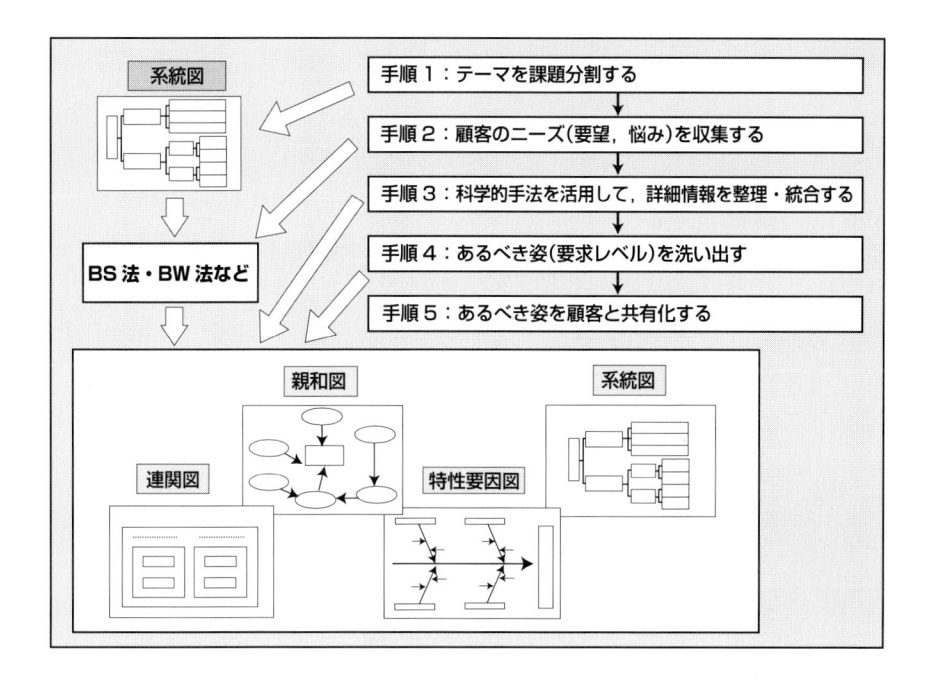

1.6 STEPSの実施手順

〈ポイント〉
① 詳細情報を整理・統合した図や，それを基にしたあるべき姿を顧客(あるいは後工程)に見せる．
② 顧客と内容について一緒に検討し，不備があれば追加・修正し，内容を共有化する．
③ アンケートの場合は，集計結果を図示化してフィードバックし，全体像に対する意見を求めるとよい．

ステップ③　現状の把握

　現状の把握は，改善活動の基礎を作る重要なステップである．現状の把握が不十分だったり，偏っていたりすると，それに続くステップ全体が歪んでしまい，科学的に改善することができなくなる．

■手順1：あるべき姿に対する現状を把握する

　あるべき姿の内容を確認し，課題分割した構成要素ごとに現状はどのようなレベルにあるのかを調査，把握する．その結果は，Excelなどを活用して図示 (p.159「新 QC 七つ道具の書き方」参照)し，現状の姿を明確にする．

〈ポイント〉
①　できるだけ事実をデータ(数値または言語，映像データ)で把握する．
②　どのようにしてデータを集めるか，その手段を考える．データ収集に当たっては，次の項目を考慮する．
　　・データは層別ができるように，項目を設定して収集する．
　　・"必要な人が，必要なときに，必要なだけ"収集すると生きたデータが把握できる．
③　図示化に当たっては，時系列，量の比較，カテゴリー別などで層別する．

■手順2：悪さ加減を明確にして，ギャップをつかむ

　層別分析した結果で，悪さ加減(業務に悪影響を及ぼす程度)を明確にする．その悪さ加減とあるべき姿を比較してギャップを明確にし，それを解消するためには既存プロセスを整備してできる範囲か，新しいプロセスに変更して初めて達成できる範囲なのかを見極める．

〈ポイント〉
①　悪さ加減の大きいものから取り上げる．
②　既存プロセスでの改善か，新プロセスでの改善かの判断は，問題・課題の重要性や職場・顧客への影響度などを考慮し，戦略的に行う．

■手順3：目標を設定する

　挑戦的な活動をするうえで，目標の設定は重要である．目標は，達成度合いが明確になる数値で設定し，数値化に当たってはサークルメンバーでアイデアを出し合い，全員の納得を得ながら決める．

〈ポイント〉
①　目標は，要望レベル，現状レベル，悪さ加減をベースにしながら，「目標の三要素」で決める．

- 何を：目標項目を明確にする．
- どれだけ：目標値を決める．
- いつまでに：達成時期を設定する．

② 通常は「あるべき姿＝目標」である．QCサークルの力では達成が困難なときのみ，マネージャーと相談して調整する．

■手順4：活動計画を作成する

計画は，活動自体を順調に進めるために重要である．また，活動が計画通り進んだかどうかは反省の材料になる．

〈ポイント〉

① 活動計画作成に当たっては，マイルストーンを明確にする．
② 全員が役割を分担するように計画する．

■手順5：次のステップを決める

手順2で戦略的に決めた既存プロセスでの改善か，新プロセスを導入して改

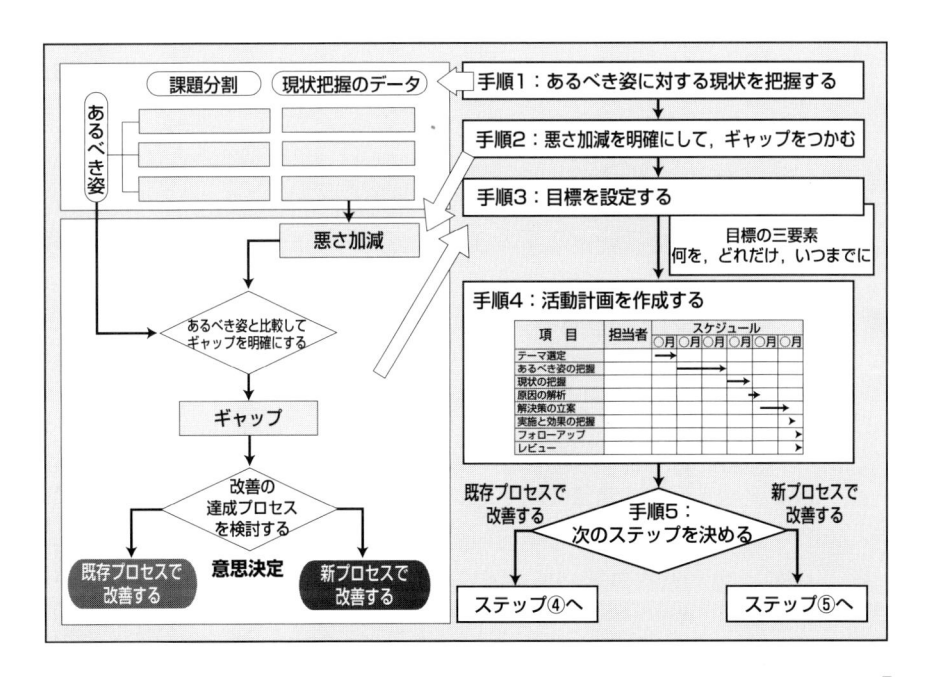

善するかで，次のステップが違ってくる．

〈ポイント〉
① 既存プロセスで改善する場合は，ステップ④「原因の解析」に進む．
② 新プロセスを導入して改善する場合は，ステップ⑤「解決策の立案」に進む．

ステップ④　原因の解析

原因の解析は，ステップ③「現状の把握」で取り上げたギャップの原因を究明するステップで，事実を確実に把握することが重要である．

■手順1：要因を洗い出す

ギャップを引き起こしている原因と思われる要因を，5ゲン主義(現場，現物，現実，原理，原則)に則って，漏れのないように全員で協力して要因を洗い出す．ブレーン・ストーミング法(BS法)，ブレーン・ライティング(BW法)などを用いて，メンバー全員で知恵を出し合う．

出された要因は，特性要因図などで系統的に整理する．流れのあるものはプロセスマッピング(フローチャート)で整理する．整理の段階で新たな要因が出たら追加する．

〈ポイント〉
① 現状レベルで把握したギャップの発生原因を追究する．
② 視野を広げ，いろいろな要因(仮説)を集める．

■手順2：重要要因を絞り込む

洗い出した要因を可能な限り科学的に絞り込み(外部の人が見ても納得できるレベル)，仮説を設定するための重要要因を把握する．

〈ポイント〉
① 言語データとして重要要因を絞り込むときは，系統・マトリックス図などを使って可能な限り科学的に行う．
② 目標との関連度(効果の出具合)の面でも検討する．
③ 品質(Q)，コスト(C)，生産量・納期(D)も検討する．

1.6 STEPSの実施手順

④ マネージャーやスタッフの知識，技術，経験を活用する．

■手順3：重要要因を事実で検証する

重要要因のデータをとって，事実で「有効かどうか」を確認する（仮説の検証）．ここで重要なことは，事実（実際にやってみる）で思い通りの結果（成果）を得ることができるかどうかを証明することである．

〈ポイント〉

① 一部分でも事実で検証しておくと，効率よく改善ができる．
② 直接データが収集できないときは，代用特性（重要要因に関連の深い別の要素）でデータをとっても効果がある．
③ シミュレーションや実験などで悪さの再現をして検証する方法もある．

■手順4：重要要因をレビューする

検証した重要要因が，ステップ③「現状の把握」でつかんだギャップの原因かどうかを改めてチェックする．

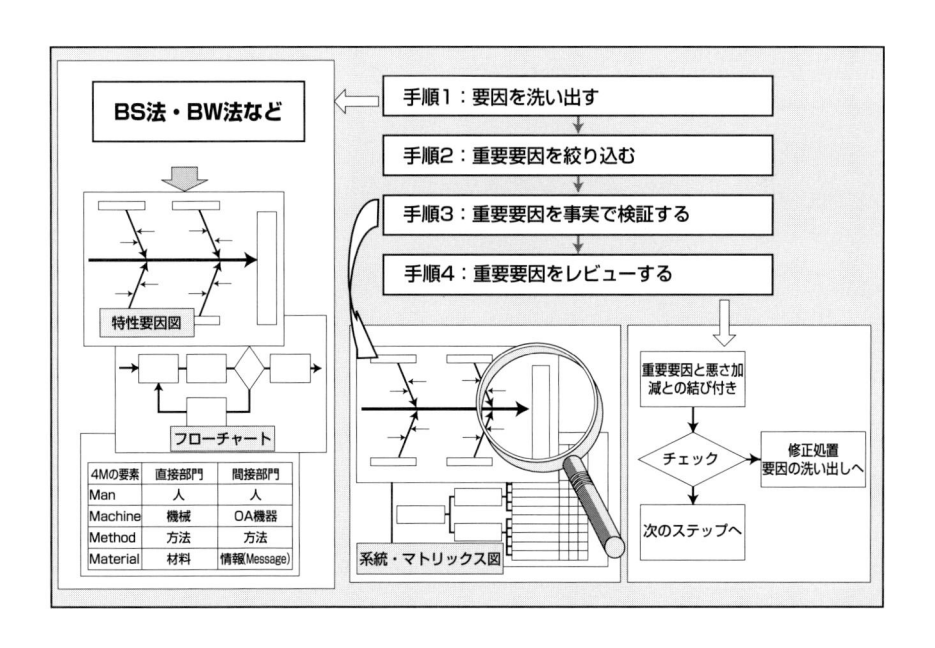

第1章 STEPSとは

〈ポイント〉
① 重要要因とギャップの状況をレビューして,「現状」を適切に表しているかどうかをチェックする.
② 必要なときは修正処置をとる.

ステップ⑤　解決策の立案

　解決策の立案は,現状の把握や原因の解析で明確になったギャップ・重要要因に対して,方策や対策を立案して解決策を練るステップで,有効な解決策を立案できるかどうかがポイントとなる.いかに有効なアイデアを発想するかが鍵となる.

■手順1：解決すべき要件を明確にする
　解決すべき次の要件を確認する.
　　・ステップ③「現状の把握」で把握したギャップ.
　　・ステップ④「原因の解析」で把握した重要要因.
　　・どのような解決策で問題の原因が取り除けるかを検討する.
　　・弊害は最小に,効果は最大になるような解決策を考える.
〈ポイント〉
① 全員が参加してアイデアを出し合うことが大切で,その前提は全員が問題点(ここではギャップや重要要因などの解決すべき要件)を共有していることである.
② 経験や過去の類似例,他部署・他社の事例もベンチマーキングして参考にする.
③ グループ外の人の協力も得て,違った観点から解決方法を検討する.
④ その問題に詳しい人,問題に影響を受けている人にも参加してもらう.

■手順2：問題点の解決策(アイデア)を立案する
　各メンバーが自由に解決策(アイデア)を発想する.アイデア発想法の拡散思考法,例えばブレーン・ストーミング法などを活用して全員で前向きにアイデアを発想する.

〈ポイント〉
① 選び出した攻め所のギャップを解消するアイデアをできるだけ数多く出す．
② オズボーンのチェックリストや属性列挙法，焦点法，仮定状況設定法，逆設定法などの拡散思考法を活用する．

■手順3：アイデアを整理する
　出されたアイデアは思い付き的なものが多いため，全体的に統制がとれたものとなっていない．このため，因果関係や時間，仕事の流れなどで系統的に整理して理解しやすくする．
〈ポイント〉
① 拡散思考法で洗い出したアイデアは，収束思考法を用いて系統的に整理する(マッピング)．
② 整理する段階で新たなアイデアが出てきたときは追加する．
③ 流れがあるものはプロセスマッピング(フローチャート)で整理する．

■手順4：最適解決策の選定基準を明確にする
　整理したアイデアを絞り込み，最適解決策とするためには，選定基準が必要になる．メンバー全員で話し合って，選定基準を明確にし，評価項目を決めていく．
〈ポイント〉
① 選定基準は効果が最大になるということを第一義とする．実施にかかる費用，リスクを回避する費用などのデメリットも考慮したうえで判断する．
② 最適解決策の選定に当たって，考慮すべき条件を選び出す．類似した条件はまとめ，重複を整理してリストを作る．
　・解決策として適当か．
　・顧客や組織にとって魅力があるか．
　・実施する固有技術はあるか．
　・費用や実施する時間はとれるか．

・材料などが調達できるか，など．
③ 評価項目は少なくとも4〜6項目を選択する．

■手順5：選定基準により最適解決策を複数個選び出す
　選定基準に基づいて最適解決策を選び出す．最適解決策は優先順位を決めて，複数個選出しておく．
〈ポイント〉
① 最適解決策は期待効果が最も高く，リスクが少ないものを選ぶ．
② 最適解決策を選出するときはマネージャーやスタッフなど，経験の豊かな人にも参加してもらい，意見を求める．
③ 系統・マトリックス図を使うと，選定の経緯がわかりやすくなる．コスト(ROQ：品質改善投資効率など)を検討するときは，コスト／利益分析を使うとよい．

■手順6：最適解決策を実施するための固有技術を検討する
　最適解決策を実施するためには，固有技術が必要である．メンバーが持っている固有技術と最適解決策の実施で必要となる技術を洗い出し，欠落している部分がないかどうかをチェックする．不十分な部分があれば，どのように補えばよいかの方法を考え，実行計画に含める．
〈ポイント〉
① 最適解決策を実施するために必要な固有技術を洗い出す．
② 必要固有技術のリストを作る．
③ メンバー内で充足できる技術をチェックする．
④ 不足している技術をどのように補うかを検討して，実行・計画に含める．

■手順7：最適解決策の実施について所定の承認を得る
　最適解決策を実施することは，実際の作業の手順や仕組みを変えることにつながってくる．職場は作業標準や手順書などで作業が標準化がされているので，最適解決策を実施するときはマネージャーに報告し，承認を受ける．

1.6 STEPSの実施手順

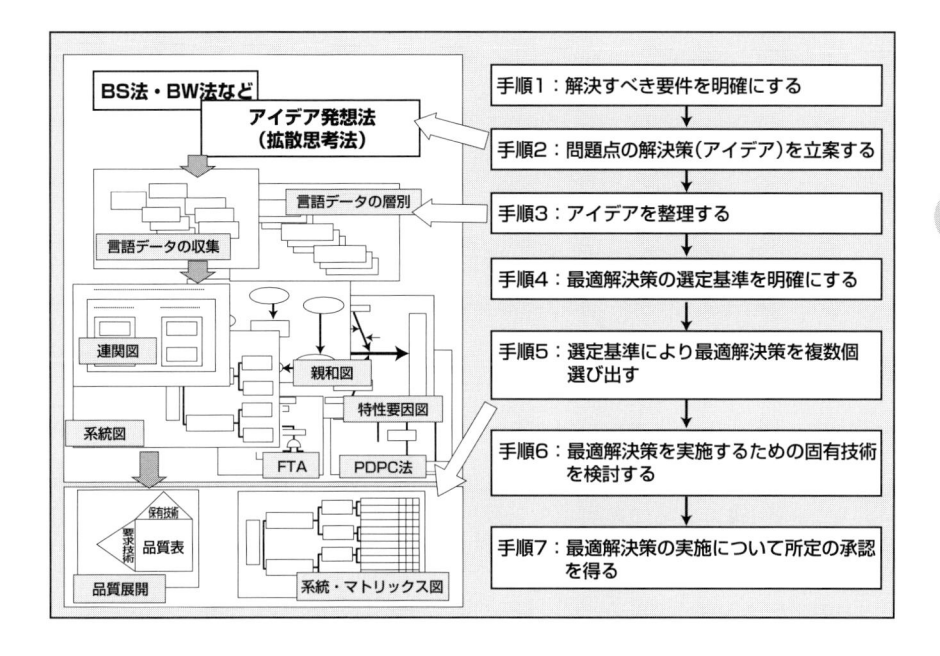

〈ポイント〉
① 所定の手続きで変更の処置(標準の変更,教育・訓練などスキルの向上,他職場の連絡など)を行う.

ステップ⑥　実施と効果の把握

実施と効果の把握は,前のステップで決定した最適解決策を実施する計画を立て,適切に実施し,その成果を把握するステップである.

■手順1:制約条件を明確にして,実施計画を作成する

制約条件(所要期限,費用,工数,組織の問題,その他盛り込む必要のある項目)を明確にし,リストに整理する.5W2H(誰が,いつ,何を,なぜ,どこで,どのように,どのくらいの費用で)で条件を書き出す.制約条件を考慮して最適策を実施する計画を立てる.

〈ポイント〉
① 類似の項目は一括し,重複を避ける.抽象的な項目は細分化して具体的

にする．
② マイルストーンを明確にしたスケジュールを作成する．
③ 役割を明確にし，担当者を決める．
④ 結果の評価尺度を明確にする．

■手順2：最適解決策を試行し，修正する
　最適解決策を試行して，その結果で最適解決策と実施計画を見直す．
〈ポイント〉
① 最適解決策を部分的に実施（試行）してみる．
② 最適解決策とその実施計画をアセスメント（反対意見の立場になって冷静に評価する）する．
　・最適解決策立案に参加しなかった人が，この計画を瓦解させるような気持ちで弱点を探す．
③ 各段階で起こりえる問題点を具体的に把握し，修正する．

■手順3：障害への対応方法を検討する
　最適解決策実施に当たっては，不慮の事故など障害が発生する可能性がある．障害を意識しすぎて萎縮する必要はないが，あらかじめその対応方法を検討しておく．
〈ポイント〉
① 危機管理システムを構築しておくとよい．危機管理システムは，状況が好転・悪化のいずれの場合にも適用できるように配慮する．
② 何もせずにリスクを受け入れるのも対策案の1つである．

■手順4：実施計画に従って最適解決策を実施する
　実施計画に従って最適解決策を忠実に実施する．
〈ポイント〉
① マイルストーンに従って，進捗状況をチェックする．
② 実施計画との乖離が出たら，対応策を検討・実施し，計画遂行に努力する．

1.6 STEPSの実施手順

③ 実施計画と実際との乖離の原因を追究し，記録する．
④ 計画遂行に不足している固有技術はOJTで学ぶ．
⑤ 障害が発生したら，危機管理システムで検討しておいた方策を実施する．

■手順5：効果把握のデータを集め，目標と比較する

最適解決策を実施した効果を把握するデータを集め，目標を達成しているかどうかをチェックする．
〈ポイント〉
① 実施計画立案時に検討した評価尺度でデータを収集する．
② 関連データもできるだけ収集する．
③ データ収集用のチェックシートを活用する．
④ 目標値を達成しているかどうかをチェックする．

■手順6：目標未達成→ステップ③〜⑤へ

目標未達成の場合はその原因を検討し，状況に応じてステップ③〜⑤まで戻って不十分であった部分を粘り強く実施し，目標を達成するように努力する．
〈ポイント〉
① 新たに発生した問題点にも同様な手順で改善する．

■手順7：波及効果・無形効果も把握する

目標とした効果以外の波及効果や，数字では表しにくい無形効果も把握する．また，効果を金額換算して自分たちの実施した改善活動の大きさが見えるようにする．
〈ポイント〉
① 金額換算に当たっては，コストや時間などだけではなく，視野を広げて金額換算する．
　・市場では同様なことをいくらで実行できるか．
　・改善を行わなかったとき，どの程度の経費がかかるか．
　・同様なことをアウトソーシングしたらどの程度か．

第1章　STEPSとは

1.6 STEPSの実施手順

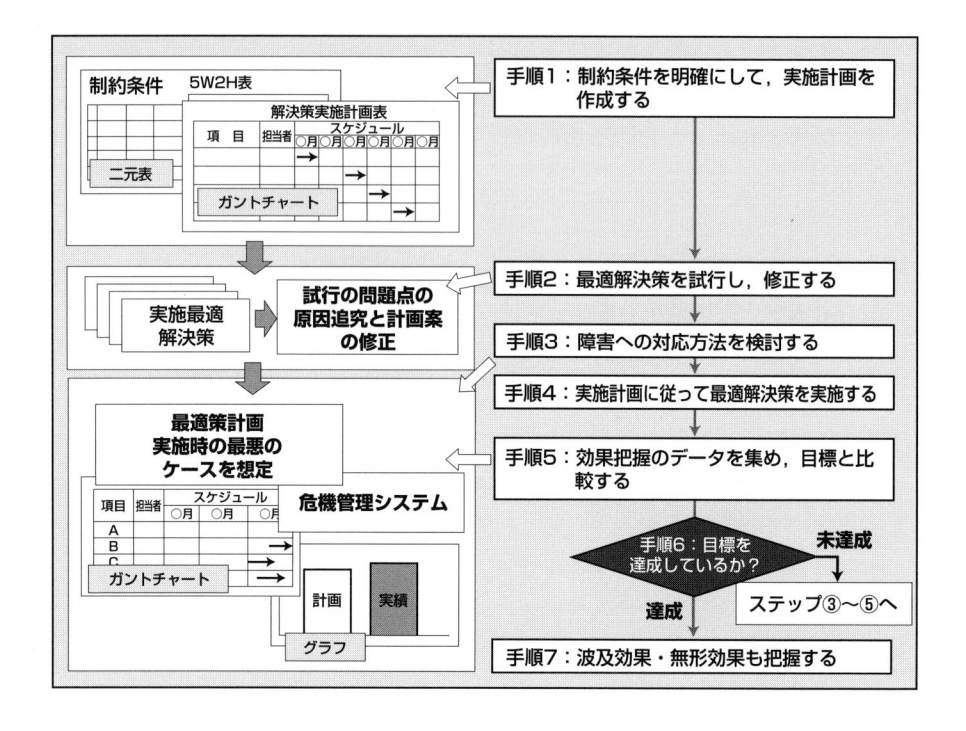

```
制約条件   5W2H表
          解決策実施計画表
          項目 担当者 スケジュール
                    ○月 ○月 ○月 ○月 ○月
   二元表
          ガントチャート
```
⇐ 手順1：制約条件を明確にして，実施計画を作成する

```
実施最適      試行の問題点の
解決策       原因追究と計画案
           の修正
```
⇐ 手順2：最適解決策を試行し，修正する

手順3：障害への対応方法を検討する

⇐ 手順4：実施計画に従って最適解決策を実施する

```
 最適策計画
実施時の最悪の
  ケースを想定
項目 担当者 スケジュール
         ○月 ○月 ○月
A              危機管理システム
B
C
ガントチャート
         計画 実績
         グラフ
```
⇐ 手順5：効果把握のデータを集め，目標と比較する

手順6：目標を達成しているか？ — 未達成 → ステップ③～⑤へ
↓達成
手順7：波及効果・無形効果も把握する

② 金額換算をした根拠を明確にしておく．

ステップ⑦ フォローアップ

効果のあった最適解決策に対して歯止めを施し，活動の成果を継続させる．歯止め＝標準化と誤解されていることが多いが，標準化は歯止めの重要な要素の1つであり，成果を継続させるためには標準化だけでは不十分である．

■手順1：有効な最適解決策を標準化する

標準化とは，最適解決策を誰もが実施できるように，作業標準書などのマニュアルにすることである．効果のあった最適解決策を，寄与度の高い解決策から順にリストアップし，次の標準化のポイントに沿って標準化を行う．

・わかりやすく，守りやすい標準(実施しやすい施策)にする．
・具体的に表現し，作業の要点がつかみやすいもの(写真やイラストを

使ってわかりやすく書く)にする．
  ・5W1Hを明確にする．
  ・間違いなく実施でき，ミスを事前に防止する仕組みを工夫する．
  ・改訂を考えて，変更しやすい仕組みにする．
〈ポイント〉
  ① 標準化の内容をマネージャーに報告して許可を得る．
  ② 上・下流の関連部署との調整や，変更管理など所定の手続きを守る．

■手順2：標準の実施方法を教育・訓練する
　標準化を正確に継続し，実施していくために，標準化した業務に関与するメンバーに対して教育・訓練を実施する．教育に使う資料なども文書化し，標準化して，絶えず均質な教育ができるような仕組みを作っておく．
〈ポイント〉
  ① 標準化の内容の理解とスキルの習得を目的とした教育・訓練を行う．
  ② 実地指導(OJT)でスキルをさらに磨く．
  ③ 異動者，新入社員など，新たに加わったメンバーにも確実に教育・訓練ができる仕組みを作っておく．

■手順3：歯止めを実施する
　教育・訓練が終わったら，歯止め(標準化した内容)を実施する．機械化，自動化を駆使して標準化した内容を確実に実施できるようにしたり，ポカヨケなどの仕組みを作ることも大切である．
〈ポイント〉
  ① 標準を実施した記録(必要かどうかは事前に検討する)を残す．
  ② 目で見る管理を実践する．

■手順4：効果の継続を確認・フォローする
　改善後はしばらくの間(歯止めが職場に定着するまで)，管理図や管理グラフで監視する．監視に使うのための管理限界を決め，それを超えたときの処置を明確にして管理し，データが安定してきたら日常管理に移行させる．

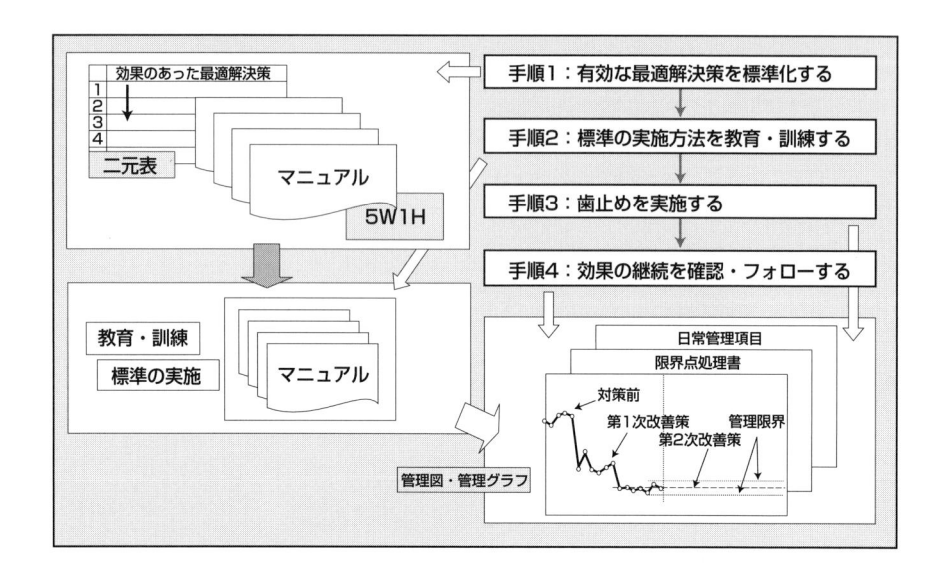

1.6 STEPSの実施手順

[図: 手順1〜手順4のフロー]
- 手順1：有効な最適解決策を標準化する
- 手順2：標準の実施方法を教育・訓練する
- 手順3：歯止めを実施する
- 手順4：効果の継続を確認・フォローする

効果のあった最適解決策
1
2
3
4
二元表　マニュアル　5W1H

教育・訓練　標準の実施　マニュアル

日常管理項目　限界点処理書
対策前　第1次改善策　管理限界　第2次改善策
管理図・管理グラフ

〈ポイント〉
① 管理限界と対策を決めておき，限界を逸脱したら処置を施す．
② 効果が定着したら日常管理に切り替える．

ステップ⑧　レビュー

このステップは，活動の結果やプロセス(活動の経過)を振り返って自分たちの活動の実態をつかみ，活動自体の善し悪しを評価する．さらに，反省を次の活動へ活かして実力を向上させるという点からも重要である．

■手順1：活動の結果とプロセスを反省する

反省というと悪かった点が強調される場合が多いが，この活動においては結果とプロセスの良かった点と悪かった点の両面から見て，率直に反省する．活動目標と実績に乖離があった場合は，その発生原因を追究し，反省する．

〈ポイント〉
① 次のような点も忘れずに反省する．
　・計画立案の方法，目標の立て方．

1.6 STEPSの実施手順

　　・特に良かった点のチェック．
　　・この活動で高めた固有技術の習得やレベルアップしたこと．
　② 反省では，具体的な事例・事象を取り上げる．
　　・各ステップの活動の進め方とステップのつながり．
　　・活動の運営面，科学的な手法や技法の活用のしかたなども反省する．

■手順2：今後の計画を立案する

　やり残した問題をまとめておき，今後どうするかを検討する．今後の計画の立案というと，次回のテーマを決めるステップと誤解されていることが多いが，ここでは手順1で行った反省の内容を活かすための実行計画を立てることである．良かった点は継続し，悪かった点は再発させないための方策を盛り込む．

〈ポイント〉
　① 今後の活動に反省を活かす方策を盛り込む．
　② 実施可能な具体的なものにする．

■手順3：活動の満足度をチェックする

　活動終了時に活動自体を見直し，活動の満足度をチェックする．QCサークル活動は，活動成果を出すことも大切であるが，活動をやり遂げ，自らが決めた目標を達成して得られる充実感・達成感・満足感がさらに重要になる．

〈ポイント〉
　① 次のような点をチェックする．
　　・充実した活動ができたか，満足感が得られたか．
　　・活動を終えて自信が付いたか．
　　・メンバー編成がテーマに合っていたか．
　　・テーマが業務に密着していたか．
　　・改善に知恵や知識が活かせたか．
　　・改善を通じて知識や固有技術を得たか．
　　・チームワークよく活動できたか．
　　・会合参加率が高く，発言は活発だったか．

1.6 STEPSの実施手順

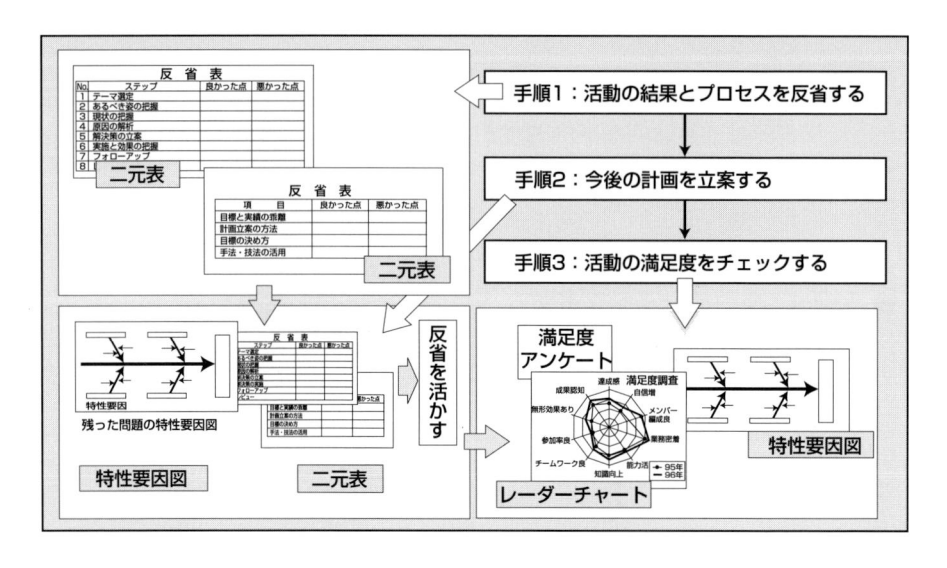

手順1：活動の結果とプロセスを反省する

手順2：今後の計画を立案する

手順3：活動の満足度をチェックする

- ・無形の効果（モラールアップなど）があったか．
- ・成果が上司や同僚に認められたか．

② 実施した活動項目別に満足・不満足かをチェックする．不満足の場合はその原因を追究する．

Part 2

e-STEPS・e-Tools の使い方

　e-STEPSは，問題解決に必要なQCストーリー（STEPS）と，問題解決の各ステップにマッチしたQC七つ道具などの改善手法をテンプレートにした手法作成ツール（e-Tools）を組み合わせたものである．

　STEPSは問題解決を進めるステップのガイドラインとして，e-Toolsは問題解決に不可欠なデータの整理・分析や可視化するツールとして即座に活用できるようになっている．

　第2章では，e-STEPS及びe-Toolsの使い方について解説する．また，本書に添付したCD-ROMの使い方もあわせて解説する．

2.1 CD-ROMの使い方

本書には，e-STEPSとe-Toolsを収録したCD-ROMを添付してある．本節では，そのCD-ROMの使い方を解説する．

1 付録のCD-ROMコンテンツ

付録のCD-ROMには，背景の異なる6種類のe-STEPS，さらに右の一覧表にあるe-Toolsを収録してある．

2 CD-ROMの開き方

付録のCD-ROMに収録されているe-STEPSとe-Toolsは，それぞれPowerPointとExcelで作成されている．したがって，これらのアプリケーションがインストールされているパソコンが必要である．

CD-ROMをパソコンのドライブに入れて，CD-ROMの入ったドライブを開く．この中の「Contents.htm」を開くと，CD-ROMのコンテンツを収録してあるトップページが表示されるので，使用したいコンテンツをクリックしてファイル呼び出す．

なお，これらのファイルはWindows版のPowerPoint2000及びExcel2000で作成されている．PowerPoint(Excel)97/2000以外のバージョンで動作確認はしていないので，ご了承願いたい．また，互換性については，Microsoft

QC七つ道具	グラフ	棒グラフ	
		折れ線グラフ	
		円グラフ	
		レーダチャート	
		帯グラフ	
	ガントチャート		
	パレート図		
	散布図	散布図	
		層別散布図	
	特性要因図		
	チェックシート	調査用チェックシート	
		調査用チェックシート（層別）	
		点検用チェックシート	
	ヒストグラム	ヒストグラム（30点用）	
		ヒストグラム（50点用）	
		ヒストグラム（100点用）	
		層別ヒストグラム	
		工程能力指数	
	管理図	計量値の管理図	$\bar{X}-R$管理図
			$\bar{X}-s$管理図
			$Me-R$管理図
			$X-R$管理図
		計数値の管理図	np管理図
			p管理図
			c管理図
			u管理図
	統計量	平均値	中央値
		最大値	最小値
		範囲	偏差平方和
		分散	標準偏差
		歪度	尖度
新QC七つ道具	層別		
	言語データの層別		
	親和図		
	連関図		
	系統図		
	マトリックス図		
	PDPC法		
	アロー・ダイヤグラム		
	マトリックス・データ解析法		
その他の図法	フローチャート		
	プロセス・マッピング		
	二元表		
	ベンチマーキング・シート		
	品質表		
	ポートフォリオ		
	ブレーン・ライティング		

2.1 CD-ROMの使い方

社のホームページのサポート技術情報で確認していただきたい．

3　e-STEPS，e-Toolsを使う

　呼び出したe-STEPSあるいはe-Toolsは，2.6節「e-STEPSの使い方」から2.8節「e-Toolsの変更のしかた」の説明に基づいて，データや内容を変更して使用する．なお，e-Toolsの詳細は第3章を参照されたい．

　注）CD-ROMに収録した弊社メールアドレスは変更となりました．転載・配付等を希望する際には，下記FAX番号にてご連絡ください．
　　　FAX　03-5379-1246

2.2　e-STEPSとは

　企業では，情報技術(IT：Information Technology)の活用が推奨され，職場でもイントラネットやインターネット，LAN，電子メールといったパソコンによる業務の遂行が当たり前になってきている．

　QCサークル活動においても，体験談や活動事例発表の多くは，液晶プロジェクターとパソコンを組み合わせたサイバー発表が行われる時代となっている．活動自体に，活動報告書に，発表にと，すべてのシーンでサイバー活動・サイバー発表が日常的になっている．

　このような時代に合わせ，手軽にパソコンを使える環境を作るために，活動時の解析などに使う手法や発表・報告書を効率よく，迅速に行うためのツールが e-STEPS である．

1　e-STEPS とは

　e-STEPSは，説明手順に従って改善を遂行すれば簡便に問題・課題解決ができるようになっている．加えて QC 七つ道具などの改善活動に活用する手法(e-Tools)も埋め込まれている．

2　e-STEPS の構成

　e-STEPSをインスタントウィザードとしてパソコンに取り込めば，繰り返し活用できる(このやり方については 2.5 節の 6.(p. 53)を参照)．

（1）　e-STEPS の構成

　e-STEPSは，改善活動のガイドラインとして活用したり，活動の記録を手順ごとにスライドとしてまとめ，活動報告書として用いることもできる．

　また，発表の際はわかりやすいストーリーに修正して，発表スライドとして使用できるなど，幅広く活用できる．

2.2 e-STEPSとは

各ステップの画面には，そのステップで多く活用されるQC手法などのe-Toolsが埋め込まれているので，最も用途に適した手法を簡便に使える．

(2) e-STEPSの機能

e-STEPSの機能は，大別して次の2つの機能があり，背景が違うサンプルが付録のCD-ROMに収録されている．

① e-STEPS：PowerPointのウィザード機能にSTEPSを取り込んでQCストーリーのインスタントウィザードとして活用する．

② e-Tools：Excelのグラフ機能，関数機能，描画機能やセル機能を活用して，QC手法のテンプレートとして貼り付けてある(e-Tools)．必要な手法の上で右クリックして[Worksheetオブジェクト(O)]-[編集(E)]または[開く(O)]で呼び出し，活用する．

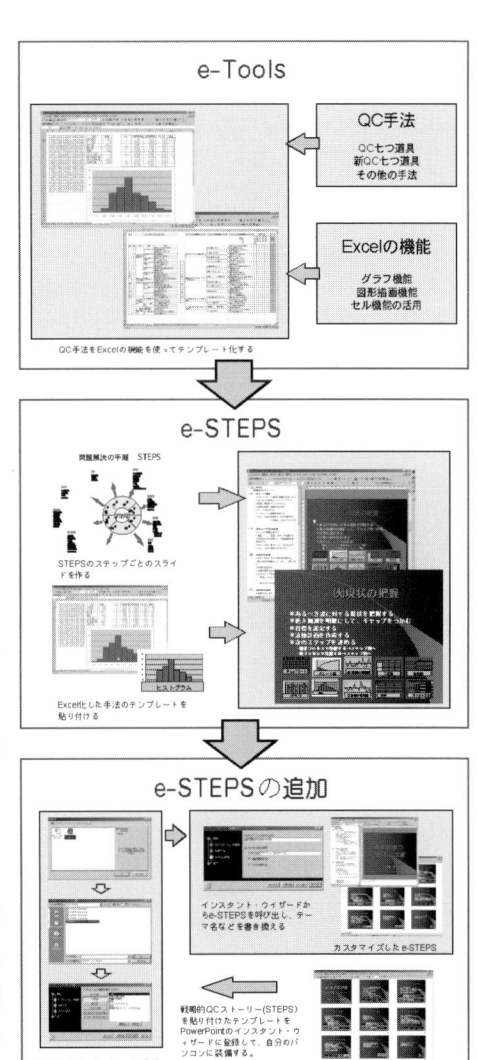

第2章 e-STEPS・e-Toolsの使い方

2.3 テンプレート機能の使い方

1 テンプレート機能とは何か

　テンプレートにより，その手順で作業を進めると目的とした成果物が得られる．

　PowerPointのテンプレート機能には，あらかじめデザインされた画面を背景に使うデザインテンプレートが用意されていて，打ち込んだコンテンツに影響を与えずに，好みの背景に変えることができる．

2 デザインテンプレートを活用する

　デザインテンプレート群の中から好みの画面を選び出して活用する．その手順は次の通りである．

（1） 新規にスライドを作る場合

① PowerPointを開く

　画面左下隅にある[スタート]をクリックして，[プログラム(P)]-[Microsoft PowerPoint]-[PowerPoint]-[デザインテンプレート(T)]-[OK]を選択する．

2.3 テンプレート機能の使い方

❷ デザインテンプレートを選択する

画面には[新規作成]-[デザインテンプレート]が表示される(過去の活用の仕方で違う画面が出る場合もある).ファイルをポインタで選択すると右側のプレビューにテンプレートの縮小版が表示されるので,好みの画面で[OK]をクリックする.

❸ スライドの画面を選定する

[新しいスライド]-[標準レイアウト(A)]の中から目的に合ったものを選択し,[OK]をクリックする.複数のスライドを使うときには[白紙]が汎用性があり使いやすい.

❹ 背景画面を確認する

希望した画面が選択されているかどうかを確認する.

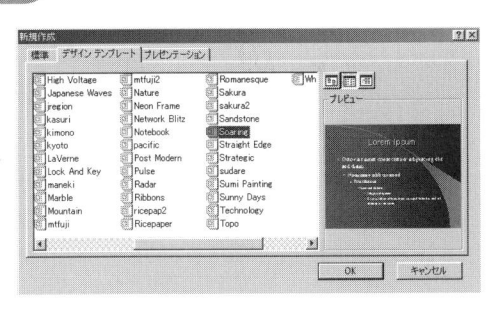

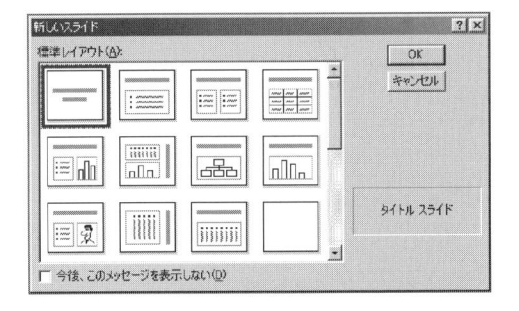

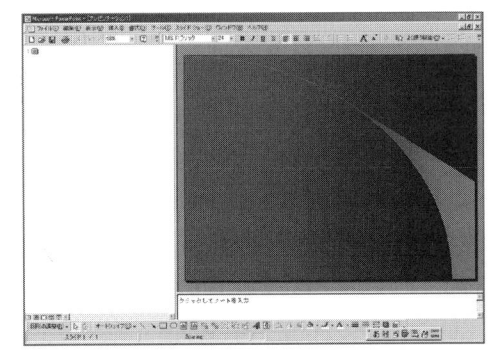

2.3 テンプレート機能の使い方

❺ ストーリーを貼り付ける

　画面の表示形式を左下隅にある画面選択ボタンで[標準表示]にして，あらかじめWordなどで作ったストーリーを貼り付け，画面(1枚のスライド)の区切りで[Enter]キーを押して各スライドの内容を作る．見出しと本文の区分やフォント，文字の大きさなどの体裁をそろえてテンプレートを完成させ，ファイル名を付けてハードディスクに保存する．

（2）　スライドの背景を変える場合

❶ スライドを開く

　背景を変えるスライドを開き，PowerPointの左下隅にある画面選択ボタンで[標準表示]，[アウトライン表示]，[スライド表示]のいずれかを選択する．スライド画面上で右クリックして[デザインテンプレートの適用(Y)]-[ファイルの場所(I)]で好みのデザインテンプレートを選択して[適用(P)]をクリックすると，コンテンツに影響を与えずに背景が変わる．

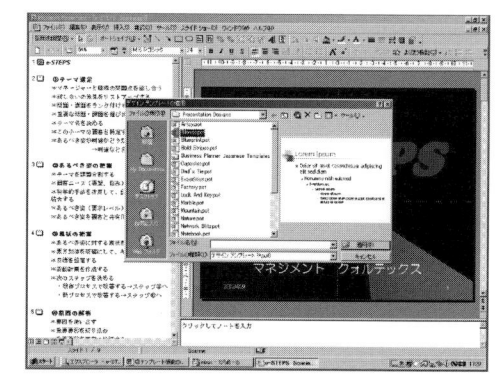

2.3 テンプレート機能の使い方

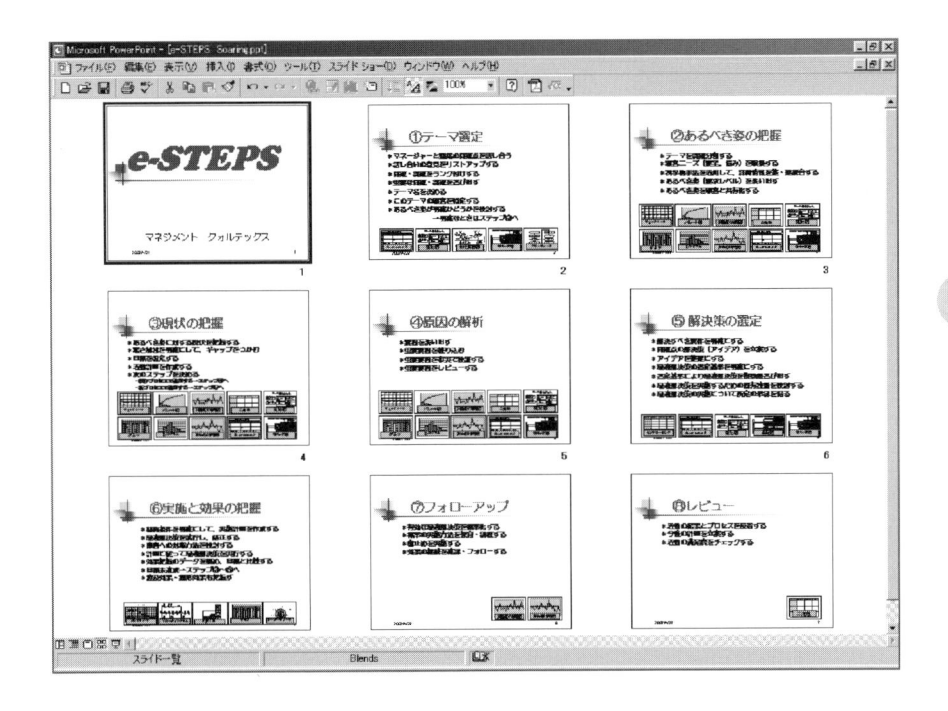

第2章 e-STEPS・e-Tools の使い方

2.4 ウィザード機能の使い方

1 ウィザード機能とは何か

ウィザード機能とは，PowerPointのインスタントウィザードをさし，ウィザードに書かれたガイドに従ってコンテンツを作り込んでいけば，プレゼンテーションのスライドやレポートを半自動的に作ることができる．

2 インスタントウィザードを活用する

インスタントウィザードは，あらかじめ収録されているテンプレートの中から，使いたい内容のものを選択して使用する．

(1) 新規にPowerPointを立ち上げる場合

1 PowerPointを開く

画面左下隅にある[スタート]をクリックして，[プログラム(P)]-[Microsoft Power Point]-[PowerPoint]-[インスタントウィザード(A)]-[OK]を選択する．

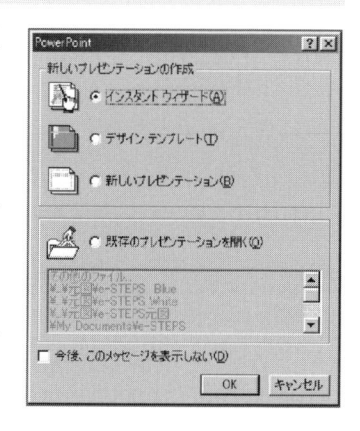

2 インスタントウィザードを選択する

[インスタントウィザード]-[次へ(N)]-[プレゼンテーションの種類]の画面で，目的のテンプレート(ここでは「e-STEPS Soaring.ppt」が登録してあるとしている)を選択し，[次へ(N)]をクリックする．

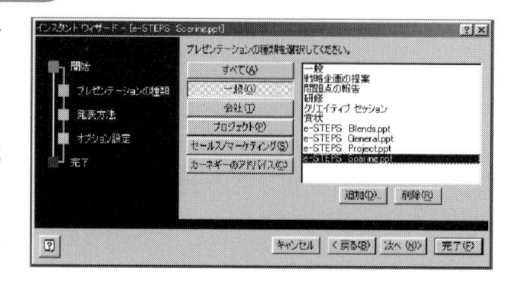

48

2.4 ウィザード機能の使い方

❸ プレゼンテーションのタイトルを登録する

[プレゼンテーションの発表方法]で[オンスクリーンプレゼンテーション(S)]-[次へ(N)]を選択する．次に，[プレゼンテーションのタイトル(P)]にタイトル名を，[フッター(O)]にフッターで使う文字列を入力して，[次へ(N)]をクリックする．

ここでは，タイトルに「事務関連の仕組みの改革」，フッターに「発表場所や日付」を入力する．最後に，[完了(F)]をクリックする．

❹ ウィザードを表示する

表題画面に「事務関連の仕組みの改革」と表示された画面が立ち上がる．フォントや文字の大きさなどの体裁をそろえて完成させ，ファイル名を付けてハードディスクに保存する．

(2) PowerPoint を立ち上げてある場合

❶ インスタントウィザードを開く

画面左上隅にある[ファイル(F)]-[新規作成(N)]-[インスタントウィザード]-[OK]を選択する．

❷ インスタントウィザードを選択する

[インスタントウィザード]-[次へ(N)]-[プレゼンテーションの種類](前回使用により異なる場合もある)の画面で，目的のテンプレート(「e-STEPS Soaring.ppt」が登録してある)を選択し，[次へ(N)]をクリックする．

以下は前項「(1)新規に PowerPoint を立ち上げる場合」の❸以降の手順と同じになる．

2.5 e-STEPS の作り方

本節では，e-STEPS の作り方を解説する．ここでは，e-STEPS の粗筋をカスタマイズしてさらに活用しやすくしたものを作成することを想定して，この粗筋を基に新規に e-STEPS を作り直す手順として解説する．

1 ストーリーの粗筋を入力する

全体のストーリーを箇条書きにした粗筋を作る．ここでは第1章で説明した STEPS を粗筋に使うが，実際に作るときには活用しやすくカスタマイズした粗筋を作ればよい．

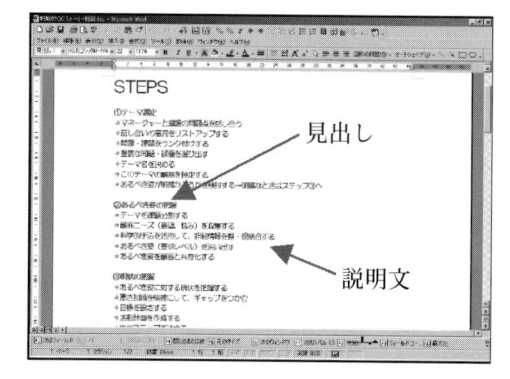

2 Word へ粗筋を打ち込む

粗筋の見出しになる言葉とその説明を簡潔に表現し，Word へ打ち込む（PowerPoint に直接打ち込んでも，他の資料からコピー・アンド・ペーストしてもよい）．

3 PowerPoint を呼び出す

STEPS を移植する際にベースとなる PowerPoint のスライドは，[新しいプレゼンテーション] の [標準レイアウト(A)] を活用する方法と，既成のインスタントウィザードを活用する方法の2種類がある．
　① 2.3節の「テンプレート機能の使い方」，2.4節「ウィザード機能の使い

2.5 e-STEPSの作り方

　方」を参照して好みの画面を呼び出す．
② 呼び出した画面に，あらかじめWordで打ち込んだ粗筋を貼り付ける．
③ 1ページにすべて貼り付くので，ページ変更をする文節で[Enter]キーを押し，ページを変えて体裁を整える．
④ 「カスタマイズ　e-STEPS」など，活用時にわかりやすいファイル名を付けて保存する．

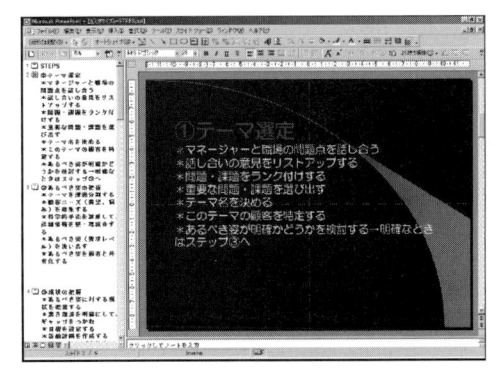

4　背景を変える

　PowerPointは，既成のデザインテンプレートあるいは背景色を変えて雰囲気を変えることができる．

　デザインテンプレートを使用する場合は，2.3節の「テンプレート機能の使い方」を参照して，好みのデザインテンプレートに変える．

　背景色を変える場合は，画面

第2章　e-STEPS・e-Toolsの使い方　　51

で [書式(O)]-[背景(K)] を指定して，[背景の設定(B)] のスクロールボタンで好みの色を指定（ここでは灰色を選択）する．現在表示している画面のみ背景を変更する場合は [適用(A)] を，すべての背景を変更する場合は [すべてに適用(T)] をクリックする．

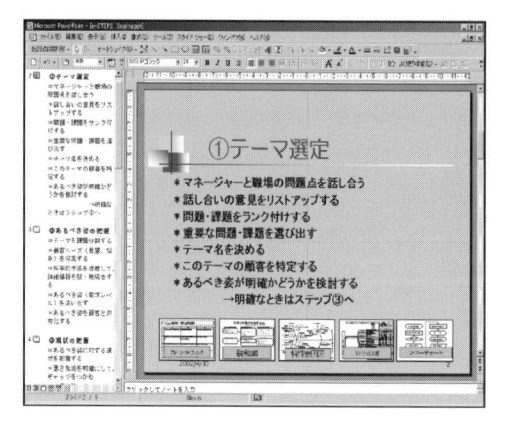

5　e-Tools を貼り込む

「e-Tools」は，添付の CD-ROM から各ステップで必要とする手法を呼び出すか，第3章「QC七つ道具の書き方」，第4章「新QC七つ道具の書き方」，第5章「改善活動に役立つその他の手法の書き方」を参照して新たに作り，手法の部分をコピーして画面に貼り付け，大きさを調整する．

複数の手法を貼り付ける場合は，図のように手法名の見出しをつけておくと，活用するときの利便性が高まる．しかし，手法は各ステップで主に活用するものに限定したほうが使い勝手がよくなる．

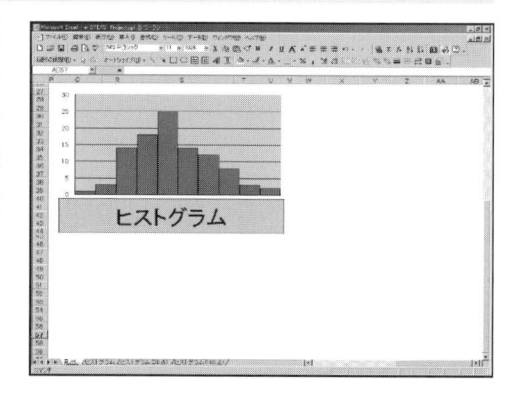

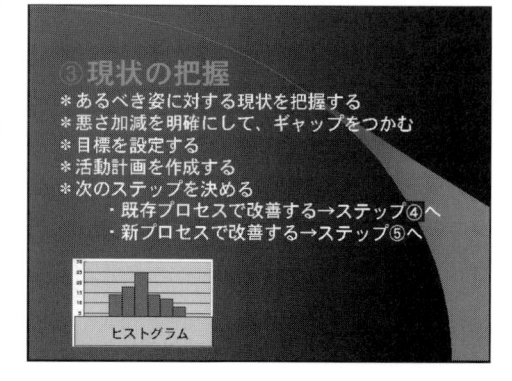

2.5 e-STEPSの作り方

6　インスタントウィザードへ登録する

できあがったe-STEPSは，インスタントウィザードに追加登録して，テンプレートとして活用する．インスタントウィザードに登録したほうが，誤って上書き保存をすることもないため使い勝手がよい．

① PowerPointを開く

画面左下隅にある[スタート]をクリックして，[プログラム(P)]-[Microsoft PowerPoint]-[PowerPoint]-[インスタントウィザード(A)]-[OK]を選択する．

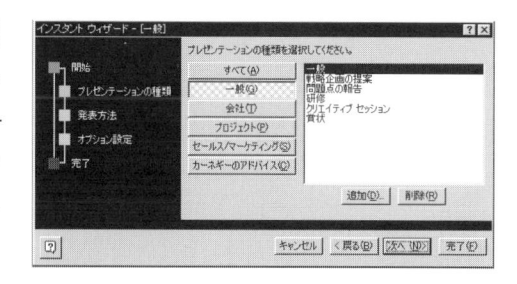

② インスタントウィザードを選択する

[インスタントウィザード]-[次へ(N)]-[インスタントウィザード-一般]-[追加(D)]をクリックする．

③ テンプレートを指定する

[プレゼンテーションテンプレートの選択]-[ファイルの場所(I)]のスクロールボタンで完成させたテンプレートを保存したフォルダを選択して，[ファイルの種類]-[プレゼンテーション]をクリックすると保存したPowerPointのファイル名が表示されるので，登録したいファイル名(ここではカスタマイズ e-STEPS.ppt)を選び，[OK]を選択する．

2.5 e-STEPSの作り方

④ インスタントウィザードへ登録する

[インスタントウィザード-カスタマイズ e-STEPS]-[完了]を指定してインスタントウィザードに登録する．

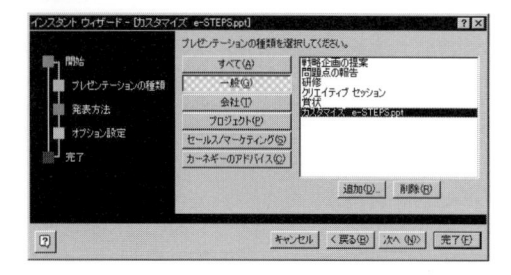

2.6　e-STEPS の使い方

　e-STEPS とは，問題解決のガイドラインである STEPS と，データの整理・分析または可視化するツールであるe-Toolsの2つを，即座に活用できるようになっている．

　本節では，e-STEPS の使い方を説明する．

1　e-STEPS を呼び出す

　インスタントウィザード機能を使って e-STEPS を呼び出す（ここでは e-STEPS　Soaring.ppt ファイルを呼び出した）．e-STEPS の呼び出しは，2.3 節「テンプレート機能の使い方」，2.4節「ウィザード機能の使い方」を参照する．また，背景を変更してカスタマイズするときは，2.5 節「e-STEPS の作り方」を参照する．

2　e-STEPS の使い方

　e-STEPS は，表紙と各ステップの内容を説明した9枚のスライドで構成されている．各ステップで実行すべきことが箇条書きで表示されているので，活動の手引として，あるいは活動のまとめのレポートや発表資料の手引として使う．

1 活用スライドの複製を作る

　e-STEPS を「スライド一覧表示」にして，希望のステップの画面上で右クリックしてダイアログボックスを呼び出し，[コピー(C)]-[貼り付け(P)]で必要枚数の複製を「スライド一覧表

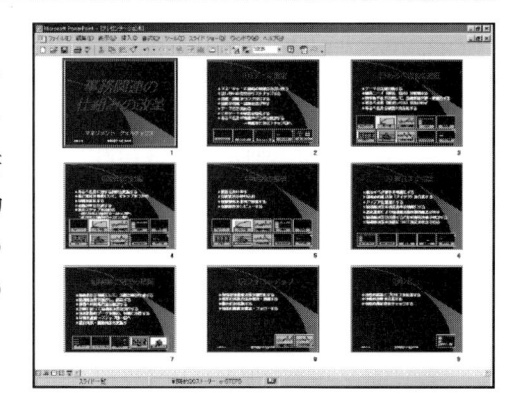

2.6 e-STEPS の使い方

示」の画面上に作る．

2 活用スライドの下準備をする

続いて，活用するスライドの下準備をする．複製したスライドをクリックして，[標準表示]か[スライド表示]にする．

使わないステップの説明や手法は削除する．

3 e-Tools を使う

e-STEPS の各ステップ画面には，そのステップで活用する e-Tools が貼り込まれている．その中から必要なものを呼び出し，使用する．

1 e-Tools を呼び出す

各ステップ画面の中の使用する e-Tools を右クリックし，[Worksheet オブジェクト(O)]-[開く(O)]をクリックすると，Excel のファイルが開く．データを修正し，グラフや図の体裁を整える．変更のしかたは，2.8 節「e-Tools の変更のしかた」(p. 62)を参照のこと．

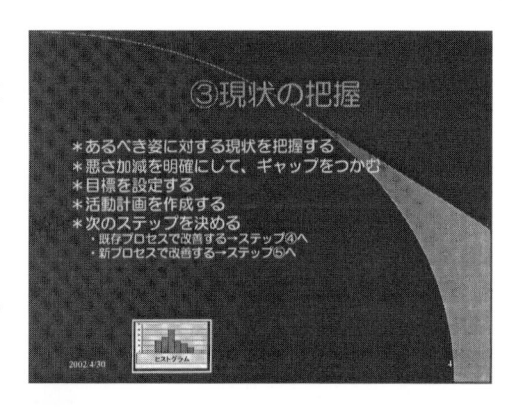

2 PowerPoint の画面へコピーする

できあがった Excel のグラフや図を e-STEPS の画面へ貼り付ける．まず，Excel のグラフ上で右クリックし，グラフ全体が選択されているのを確認して[コピー(C)]をクリックする．

次に PowerPoint の画面上で右クリックして[貼り付け(P)]で貼り付ける．貼り付けたら，もと

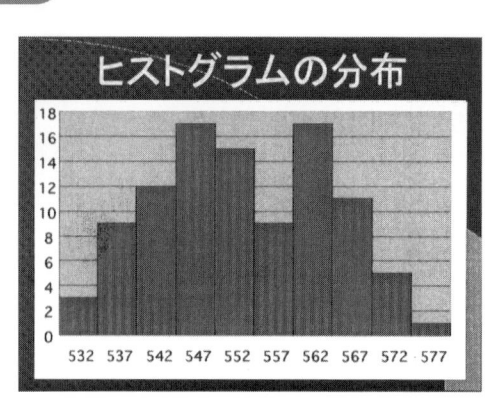

2.6 e-STEPS の使い方

もと PowerPoint に貼り込んであった e-Tools は [切り取り (T)] で消去する．

最後にグラフの大きさを整え，表題を変更し，解析結果などのコメントを入力して完成させる．

貼り付けたグラフや図の Excel の枠線を消したいときは，一度 Excel の画面に戻して，[ツール (T)]-[オプション (O)]-[表示] を選択し，[ウィンドウオプション]-[枠線 (G)] のチェックを外して [OK] をクリックする．

2.7　Excelの基本的な使い方

本節では，Excelの基本的な使い方を説明する．

1　Excelを起動する

① スタートボタンからプログラムを呼び出す

[スタート]をクリックし，Windowsのメニューを呼び出して[プログラム]にポインタを合わせる．

② Excelを起動する

プログラムのメニューが現れるので，[Microsoft Excel]をクリックして起動する．

【注意】

ⓐ　パソコンの種類によってはプログラムには収納されずに，その上部に[標準アプリケーション]などと表示されるダイアログボックスに収納されている場合がある．

ⓑ　Windowsのデスクトップ画面にExcelのショートカットアイコンがあれば，アイコンをダブルクリックして起動する．

2　ブックとシートとは何か

Excelは1つのファイルを単位として構成する．この単位をBookと呼び，複数の画面(Sheet)で構成される．起動したときは3枚のSheet(Sheet1，Sheet2，…)が表示される．このシートは挿入や削除ができる．

Sheetの各部の名称と役割は右頁の図による．

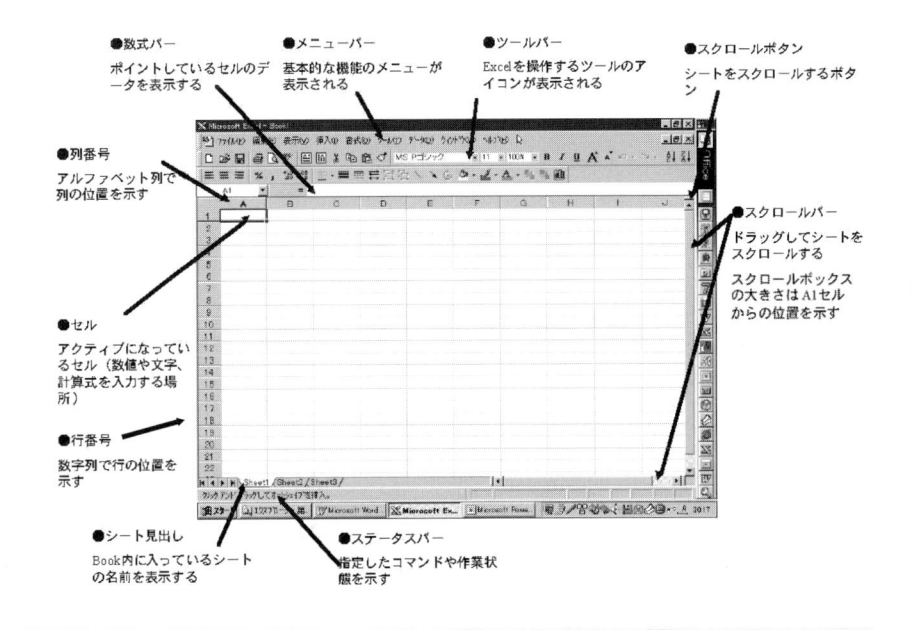

2.7 Excel の基本的な使い方

●数式バー
ポイントしているセルのデータを表示する

●メニューバー
基本的な機能のメニューが表示される

●ツールバー
Excelを操作するツールのアイコンが表示される

●スクロールボタン
シートをスクロールするボタン

●列番号
アルファベット列で列の位置を示す

●スクロールバー
ドラッグしてシートをスクロールする
スクロールボックスの大きさはA1セルからの位置を示す

●セル
アクティブになっているセル（数値や文字，計算式を入力する場所）

●行番号
数字列で行の位置を示す

●シート見出し
Book内に入っているシートの名前を表示する

●ステータスバー
指定したコマンドや作業状態を示す

3　セルに入力する

① Sheet を表示して入力するセルを選択する

[ファイル(F)]-[新規作成(N)]-[ブック]-[OK] で Book を開いてセルをポイントすると，セルが太線で囲まれてアクティブ（入力が可能になった状態）になる．

② 数字を入力する

数字入力キーで希望の数値を入力する．小数点や％，カンマは，ツールバーの[小数点表示桁上げ/下げ]，[桁区切りスタイル]，[パーセントスタイル] などのアイコンで設定する．

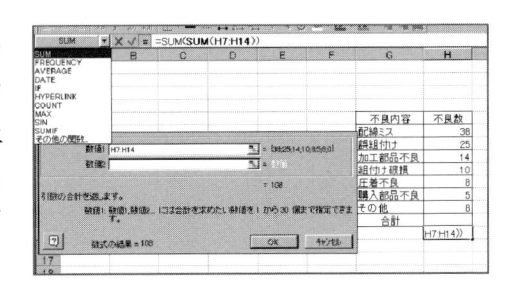

③ 関数や計算式を入力する

関数や計算式は，必ず先頭に「＝」を付け，関数や計算式を入力する．
　ⓐ　数式バーの左端にある [＝] をクリックすると，数式バーに「＝」が入力される．もしくは，セルに入力キーで直接「＝」を入力してもよい．

第 2 章　e-STEPS・e-Tools の使い方　　59

2.7 Excelの基本的な使い方

ⓑ 関数を入力するときは，「＝」を数式バーに入力すると，左端に関数が表示されるので，関数の右側にあるスクロールボタンをクリックして必要な関数を選び，ダイアログボックスに指示された引数を指定する．
ⓒ 計算式に使用される加減乗除には次の記号を用いる．
・加算(足し算)：＋，減算(引き算)：－，乗算(かけ算)：＊，除算(割り算)：／

4 セルの設定を変更する

ⓐ 文字の変更：セルに入力された文字の変更はツールバーにある[フォント](書体の変更)，[フォントサイズ](大きさの変更)，あるいは[太字]，[斜体]，[下線]によって修飾する．メニューバーの[書式(O)]-[セル(E)]-[セルの書式設定]-[フォント]で必要な項目を設定しても変更できる．
ⓑ セル幅の変更：セルに入力する文字数が多くなると，デフォルト(初期設定)で設定されているセル幅では表示できない．このときは，変更するセルの列番号のアルファベットをポイントしてそのセルの右端にポインタを持っていくとポインタが幅変更のマークに変わるので，クリックしながら必要な幅までドラッグする．または，変更するセルをアクティブにし，メニューバーの[書式(O)]-[列(C)]-[幅(W)]-[列幅(C)]で必要な幅の数字を入力して[OK]をクリックする．
ⓒ セル高さの変更：変更するセルの行番号の数字をポイントしてそのセルの下端にポインタを持っていくとポインタが幅変更のマークに変わるので，クリックしながら必要な幅までドラッグする．または，変更するセルをアクティブにし，メニューバーの[書式(O)]-[行(R)]-[高さ(E)]-[行の高さ(R)]で必要な幅の数字を入力して[OK]をクリックする．

5 入力した内容の変更と削除をする

ⓐ 内容の変更：変更したいセルをアクティブにして内容を入力する．
ⓑ 内容の一部分を変更：セルをアクティブにすると，そのセルに記載されている内容が数式バーに表示されるので，表示された内容の変更部分をドラッグして選択し，修正内容を入力する．
ⓒ 内容の削除：セルをアクティブにして[Delete]キーを押す．

2.7 Excelの基本的な使い方

ⓓ 内容の一部を削除：セルをアクティブにし，数式バーに表示されたセルの内容の削除する部分をドラッグして選択し，[Delete]キーを押す．

❻ セルを挿入する

ⓐ 1つのセルを挿入：挿入する個所のセルをアクティブにし，右クリックしてダイアログボックスを呼び出し，[挿入(I)]-[セルの挿入]で[右方向にシフト(I)]，[下方向にシフト(D)]のいずれかを選び，[OK]をクリックする．

ⓑ 行(列)の挿入：挿入する行番号(列番号)をクリックして，[挿入(I)]-[行(R)]([列(C)])を選択する．またはセルをアクティブにし，右クリックしてダイアログボックスを呼び出し，[挿入(I)]-[セルの挿入]で，[行全体(R)]([列全体(C)])を選び，[OK]をクリックする．

❼ ファイルを保存して終了する

ⓐ 名前を付けて保存：[ファイル(F)]-[名前を付けて保存(A)]でダイアログボックスを呼び出し，スクロールボタンで保存先を指定し，[ファイル名(N)]を入力して[保存(S)]をクリックする．

ⓑ 上書き保存：すでに保存してある場合には，ファイルをそのまま上書きして保存するか，[ファイル(F)]-[上書き保存(C)]を選択する．

❽ 印刷する

ⓐ 印刷範囲の設定：印刷したいセル範囲をドラッグして指定し，[ファイル(F)]-[印刷範囲(T)]-[印刷範囲の設定(S)]を選択すると，ドラッグした範囲の周りの線が破線に変わり，印刷範囲が表示される．

ⓑ 印刷状況の確認：希望する範囲が1ページに印刷されるかどうかを，[ファイル(F)]-[印刷プレビュー(V)]を指定して確認する．範囲がずれていた場合は，印刷範囲の選択，用紙の印刷の方向，印刷の拡大縮小率などを調整する．

ⓒ 印刷の実行：[印刷(T)]をクリックして，表示された[印刷]のダイアログボックスで[プリンタ]，[印刷範囲]，[印刷部数]，[印刷対象]などをチェックして[OK]をクリックする．メニューバーの[ファイル(F)]-[印刷(P)]を指定して[印刷]のダイアログボックスを呼び出して指定することもできる．

2.8 e-Toolsの変更のしかた

本節では，e-Toolsの設定を変更して活用の幅を広げる方法を説明する．

変更は，その手法がExcelの幅広い機能のどの部分を使っているかで決まる．その機能は大別して次の3種類に分かれる．

(1) Excelのグラフ機能．
(2) セルの機能．
(3) オートシェイプの機能．

区分		e-Toolsの名称
数値データ系	グラフ機能を活用	グラフ
		パレート図
		散布図
		ヒストグラム
		管理図
		層別
		マトリックス・データ解析法
		ポートフォリオ
言語データ系	セルの機能を活用	特性要因図
		チェックシート
		ガントチャート
		言語データの層別
		マトリックス図
		品質表
		ベンチマーキング・シート
		二元表
	オートシェイプ機能を活用	親和図
		連関図
		系統図
		アロー・ダイヤグラム
お絵描き系		PDPC法
		フローチャート
		プロセス・マッピング
		ブレーン・ライティング

1 数値データ系の手法を変更する

図示するデータの数や新たな項目を加える変更で，データを打ち込んだうえでセルの範囲を変えてグラフを訂正する．

ここでは，棒グラフを例にとってその手順を解説する．

1 セルを挿入する

データが入力された表の右側または下側に必要な数のセルを挿入し，データを打ち込む(例：着色したセル．作業人数を6名，データ数5個に変更した)．

2 データの使用エリアを表示する

グラフ上をポイントしてクリックすると，データの範囲が色の付いた線で囲まれる．この事例では，系列(改善前，改善後2ヶ月…)，項目軸ラベル(A, B,…)，値

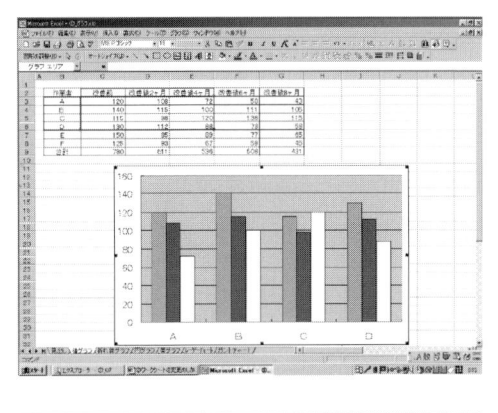

2.8 e-Toolsの変更のしかた

(120, 140,…，データ)の3つの項目それぞれが違う色の太線で囲まれている．

❸ データの使用エリアを変更する

データの範囲を表示している線の右下隅にある四角いマーク(■)にカーソルを合わせると，ポインタがプラス(＋)マークに変わるので，図示するセルの範囲までドラッグする．

❹ データ変更後のグラフを表示する

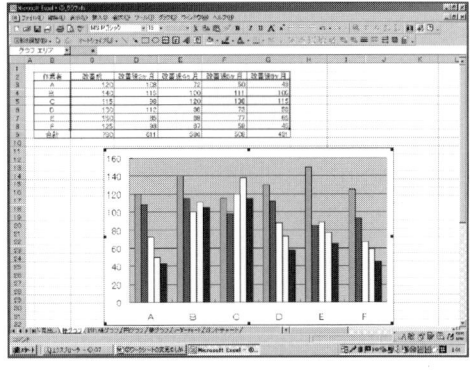

クリックをやめるとグラフが希望するデータを表示する．

　　(注)　ヒストグラムはこの方法では Error になるので活用できない．

ヒストグラムの変更のしかた

❶ 数値データを入れ直す

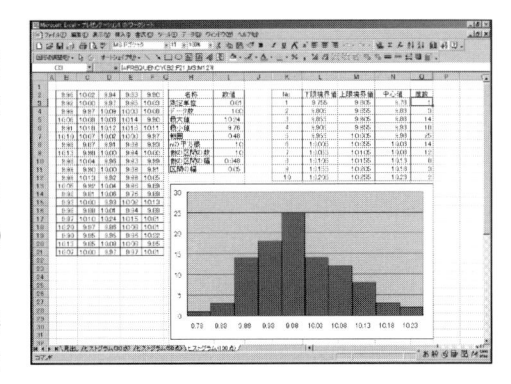

ヒストグラムのファイルを開き，画面下の「シート見出し」に表示されている希望のシートをクリックする(ここでは100点のシートを選択：ヒストグラム100点)．

選んだシートのデータ数に応じて，着色したデータエリアに入力する．データが入れ直されると自動的にヒストグラムが書き変わる．

ヒストグラム以外の手法はデータ数も任意に変更できる．しかし，ヒストグ

第2章　e-STEPS・e-Toolsの使い方　63

ラムの場合は，度数表の度数を自動的にカウントするために，FREQUENCY関数を各区間にコピーしている．このため，1つの区分だけを変更できない．100点のシートの場合は，入れ替えるデータも必ず100点でなければならない．

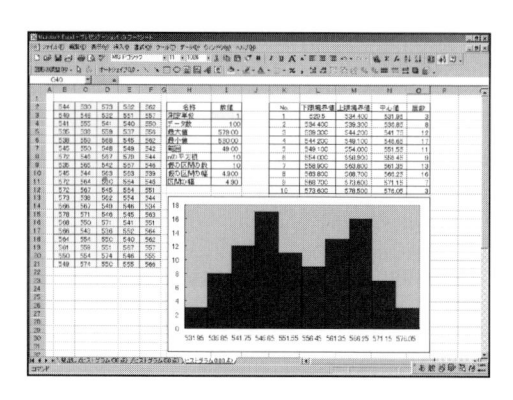

❷ ヒストグラムの体裁を整える

新たに書かれたヒストグラムの色や目盛り数字を修正して体裁を整える．ヒストグラムの柱の色は自由に変更できる．

変更の手順は，ヒストグラムの上で右クリックをしてダイアログボックスを呼び出し，[データ系列の書式設定(O)]-[領域]の色パレットから好みの色を選択して[OK]をクリックする．

2 セル機能を活用する手法を変更する

Excelのセル機能と図形描画機能を用いる手法では，通常のExcelの挿入や削除の機能を用いて変更を行う．

ここでは，系統・マトリックス図を用いて説明する．

❶ 言語データをワークシートに入れる

データの打ち込み方は，(1)各セルに直接言語データを打ち込む方法（直接打ち込み）と，(2)あらかじめ「言語データの層別」のシートで整理した後に貼り付ける方法（整理後コピー）がある．その方法の選別は右表による．

ここでは，整理後コピーを例にして説明

区分	e-Toolsの名称	直接打ち込み	整理後コピー
言語データ系	特性要因図	○	○
	チェックシート	○	
	ガントチャート	○	
	言語データの層別	○	○
	親和図	○	○
	連関図	○	○
	系統図	○	○
	マトリックス図	○	○
	アロー・ダイヤグラム	○	
	品質表	○	
	ベンチマーキング・シート	○	
	二元表	○	

2.8 e-Tools の変更のしかた

する.

②　言語データの整理をする

ブレーン・ライティング法などを用いて集めた言語データは,「言語データの層別」のシートを用いて, 系統的に整理する(整理方法は第4章を参照).

右に示す画面は,「言語データの層別」のシートを使って言語データを整理したものである.

③　言語データをワークシートに入れる

「言語データの層別」の方法で整理した言語データを, ワークシートに貼り込む.

右の系統・マトリックス図では, 貼り付けたデータの内容は系統図内の対応するセルにコピーする機能が組み込まれているので, 特性と3次要因のデータは自動的に表示される.

1次要因と2次要因については, この機能は設定されていないので, 当該の言語データをコピーして貼り付ける必要がある.

④　コネクタの結合を変更する

特性-1次要因, 1次要因-2次要因, 2次要因-3次要因の間を結ぶコネクタの結びを修正する.

コネクタは, その上にポイン

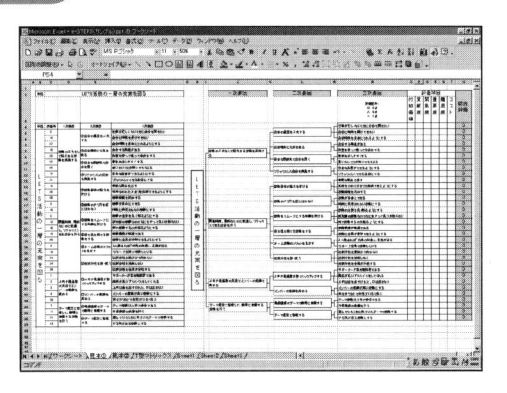

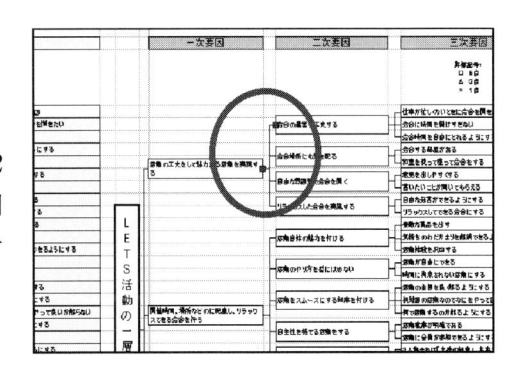

第2章　e-STEPS・e-Tools の使い方　65

2.8 e-Toolsの変更のしかた

タを当ててクリックすると，図の円内のように結合点に赤い四角が現れるので，変更する方の結合点をドラッグして希望の要因セルに結ぶ．

色の表示は，「赤の表示」が正確に結合していることを表し，「緑の表示」は結合点に結合していないことを表している．

⑤ 言語データの分析を行う

右の系統・マトリックス図では，各要因の評価を，評価記号(○，△，×)を用いてマトリックス部分に打ち込む．

ここでは，あらかじめ○＝5点，△＝3点，×＝1点，無記入＝0点として自動計算するように設定されているので，総合評価には打ち込まれた評価記号が自動的に数字に変換されて表示される．

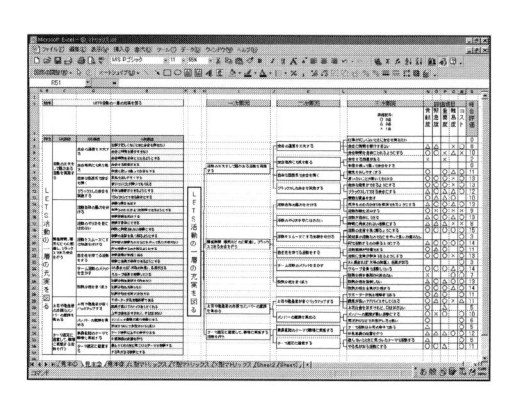

ただし，見出しなどで体裁を整えるために複数のセルを結合している場合がある．この場合は，結合の処理を解除したうえでセルの挿入や削除の変更をし，再度結合する必要がある．

3　オートシェイプ機能を活用する手法を変更する

Excelのオートシェイプ機能を用いる手法の変更手順を，フローチャートを例にして説明する．

① フローチャートを書き換える

図形は，モデルのフローチャートを基にExcelのオートシェイプ機能を用いて書き換える．

　ⓐ　名称の変更：名称をドラッグして，キーボードから新しい名称を入力する．

　ⓑ　図記号の変更：当該の図記号をクリックした後に，図形描画ツールバ

2.8 e-Tools の変更のしかた

　　　ーの [図形の調整 (R)]-
　　　[オートシェイプの変更
　　　(C)]-[フローチャート (F)]
　　　で希望の図記号を選び,
　　　変更する. 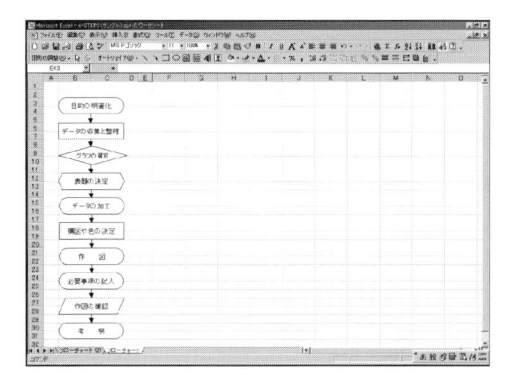
　ⓒ　図記号の設定:新しく
　　　工程を追加するときは,
　　　同じ意味合いの図記号を
　　　コピーして図記号を変更
　　　するか, ツールバーの [オ
　　　ートシェイプ (U)]-[フロ
　　　ーチャート (F)] で希望の
　　　図記号を選び, 所定の個
　　　所にポインタで描画する. 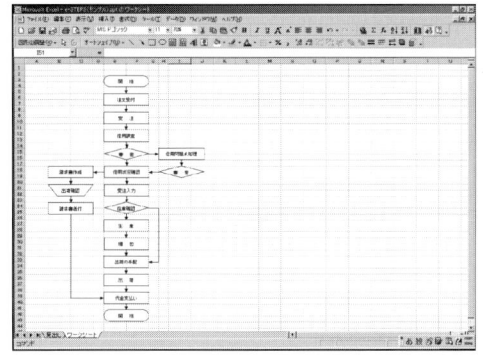
　ⓓ　コネクタの設定:新し
　　　くコネクタを追加すると
　　　きは, 必要な形状のコネ
　　　クタをコピーして結び直
すか, ツールバーの [オートシェイプ (U)]-[コネクタ (N)] で希望のコネ
クタを選び, 所定の個所にポインタで描画する.

第 2 章　e-STEPS・e-Tools の使い方

Part 3

QC七つ道具の書き方

　改善活動のポイントは，問題解決の手順（QCストーリー）と，データを視覚的に加工し，データの物語る内容を明確に表すことである．しかし実態は，データを手法で図示するだけで，必ずしも手法を適切かつ有効に使っているとはいいがたい．

　第3章では，多くのパソコンに標準でインストールされているExcelを用いて，簡単にQC七つ道具を作成する方法を紹介する．

　なお，これらの手法はCD-ROMに収納されているデータをもとに解説しているので，あわせてご覧いただくと共に，実際に活用する際は例示を参照して応用して欲しい．

3.1　グラフの種類と活用法

　グラフとは，データを図形に表してその大きさを比較したり，時間の経過と共に変化する状態などをわかりやすく示したものである．

1　グラフの特徴

① 一目で理解でき，興味を起こさせる．
② 理解が早まり，時間の節約になる．
③ 平易で簡単に作ることができる．

2　グラフの作成手順と種類

（1）　目的を明確にする
　グラフで何を示したいのかを明確にする．
（2）　データを収集し整理する
　作成目的に沿ってデータを収集する．チェックシートを活用し，あとで解析ができるように層別要因も加味しておく．
（3）　グラフの種類を選択する
　目的に合った表現ができるグラフを選ぶ（右表参照）．
（4）　グラフの表題を決める
　内容を簡潔に表現した表題にする．
（5）　データを加工する
　目的に合わせて，必要な平均値，比率などを求める（「3.22 統計量の計算方法」を参照）．
（6）　構成や色などを決める
　目盛，データの最小値と最大値などを考慮して，グラフ全体の構図を考える．必要に応じて色付けなどで項目の識別方法なども検討する．
（7）　作図する

3.1 グラフの種類と活用法

それぞれのグラフ(「3.2 棒グラフ」～「3.7 ガントチャート」を参照)を使う．

(8) 必要事項を記入する

内容履歴を明らかにするために，軸の説明や単位，図番，表題，作成年月日，作成者名，関係資料の出所など必要事項を記録しておく．グラフに記入するかは活用目的で判断するが，少なくとも Excel のファイルには記録しておく．

	種類	形状	目的	特徴
1	棒グラフ		数量の大きさを比較するグラフ	一定の幅の棒を並べ，その長短によって数値の大小が比較できる．
2	折れ線グラフ		数量の変化の状態を見るグラフ	線の高低により，数値の大小が比較できるとともに，時間の経過による変化がわかる．
3	円グラフ		内容の内訳を見るグラフ	全体を円で表し，内訳の部分に相当する割合に応じて，扇形に区切ったもの． 全体と部分，部分と部分の割合がわかる．
4	帯グラフ		内訳の割合を見るグラフ	全体を細長い長方形の帯の長さで表し，内訳の部分に相当する割合に応じて区切ったもの． 全体と部分，部分と部分の割合と同時に，時系列変化も表すことができる．
5	レーダーチャート		項目のバランスを見るグラフ	評価対象を多項目で評価する場合に用いる． 項目間のバランスや各項目ごとの標準値，目標値に対する達成度合いなどが的確に表示できる．
6	ガントチャート		日程管理をするときに用いるグラフ	日程計画と現在の進行状態とを合わせて示すのに便利で，日程管理及びその進捗管理に適している．

(9) 考察する

　グラフから得られる情報をまとめておく（手法を用いる理由はデータから情報を得やすくするためで，このステップが一番重要である）．

3.2 棒グラフ
(CD-ROM：[e-Tools]-[Q7]-[棒グラフ]参照)

棒グラフは，一定の幅の棒を並べ，長短によってデータの大小を比較したり，傾向を表示する．複数のデータをグループで表示したり，積層することで全体像の変化を表現することもできる．

1 データを収集して表を作る

❶ データをセルに打ち込む

対象のデータを時系列で収集し，セル(B2:E6)へ打ち込む．

❷ 罫線を引き，表を作る

罫線はツールバーの[罫線]を使うと便利である．

❸ 合計を計算する

合計を表示するセル(C7)にセルポインタを移動し，数式バー左側の「＝」をクリックして一番左にある「名前ボックス」で「SUM」を選び，セル範囲(C3:C6)を選択する．他の合計(D7，E7)には，セル(C7)の内容をコピーする．

	A	B	C	D	E
1					
2		作業者	改善前	改善後2ヶ月	改善後4ヶ月
3		A	120	108	72
4		B	140	115	85
5		C	115	98	70
6		D	130	112	88
7		合計	=SUM(C3:C6)	=SUM(D3:D6)	=SUM(E3:E6)

❸

2 棒グラフを作成する

❶ セルを指定する

グラフ化するセル範囲(B2:E6)を指定する．

❷ グラフウィザードを開く

メニューバーの[挿入(I)]-[グラフ(H)]をクリックして[グラフウィザード

第3章 QC七つ道具の書き方

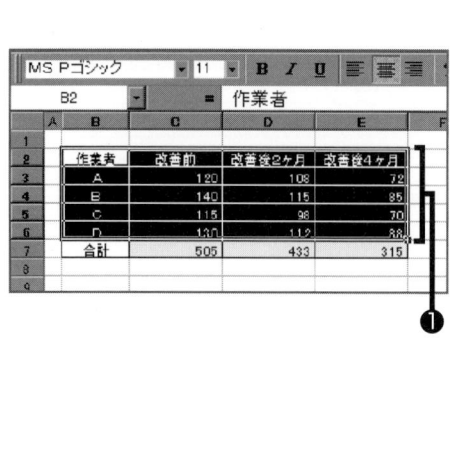

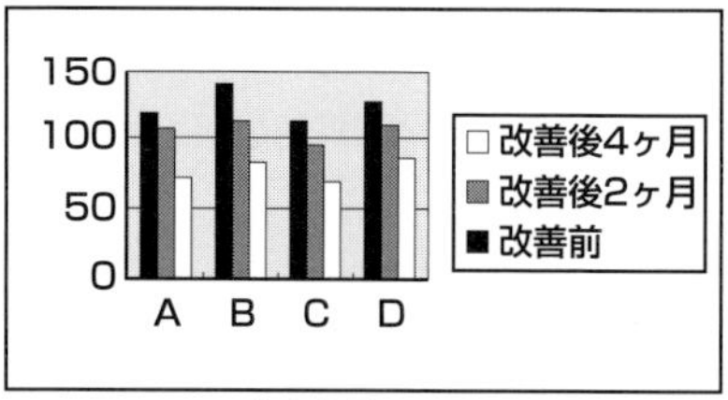

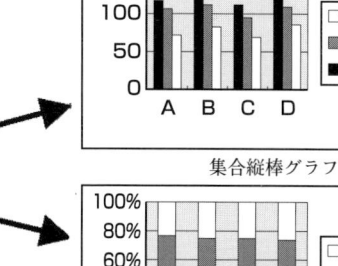

3.2 棒グラフ

集合縦棒グラフ

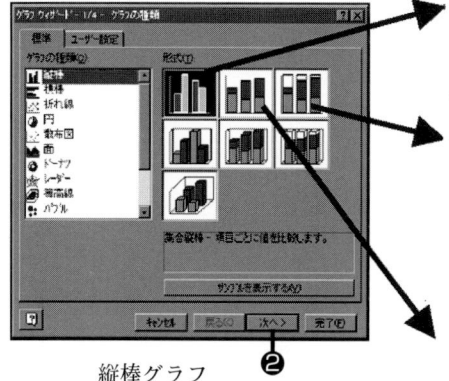

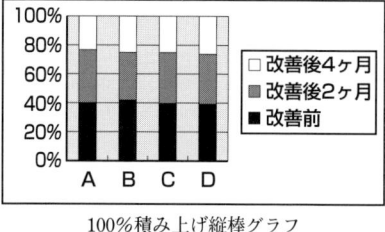

100%積み上げ縦棒グラフ

縦棒グラフ

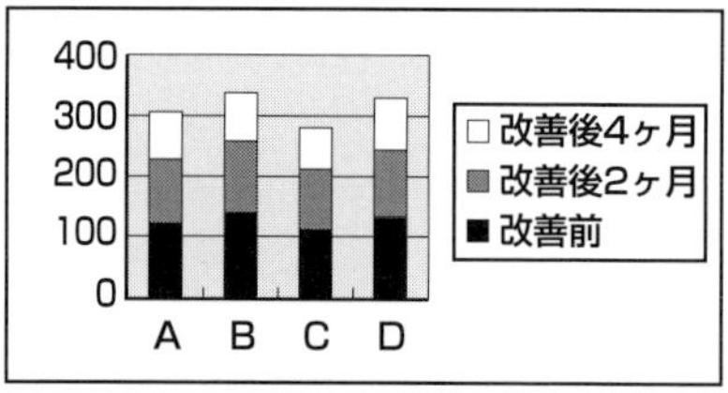

積み上げ縦棒グラフ

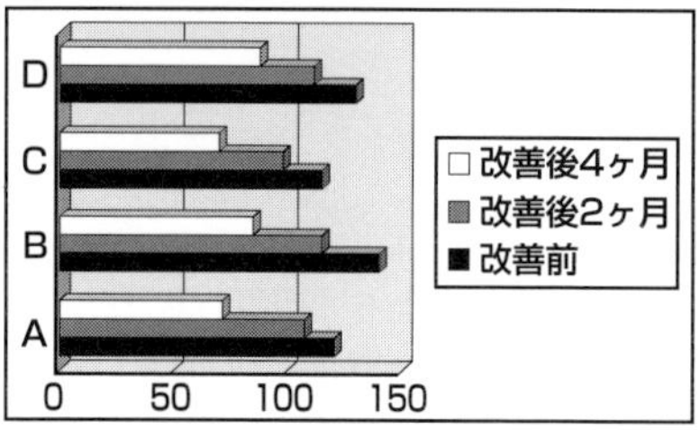

横棒グラフ

3-D集合横棒グラフ

74

3.2 棒グラフ

1/4-グラフの種類]を起動させ，[グラフの種類(C)]-[縦棒]または[横棒]のいずれかを選択し，[形式(T)]で目的に合ったグラフ形式を選択して[次へ]をクリックする．

❸ 元データのウィザードはスキップする

[グラフウィザード2/4-グラフの元データ]は，通常は操作は不要なので[次へ]をクリックする(データの挿入・削除を行う場合は[系列]を選択して行う)．

❹ グラフオプションを修正する

[グラフウィザード3/4-グラフオプション]：タイトルとラベル，軸や目盛線など，グラフオプションを修正する．

❺ グラフの作成場所を指定する

[グラフウィザード4/4-グラフの作成場所]：グラフをワークシート上に作成するときは[オブジェクト(O)]，グラフのみ表示したいときは[新しいシート(S)]を選択して[完了(F)]をクリックする．

❻ グラフを修正する

当該箇所を右クリックし，目盛間隔やグラフの色など，希望に沿って修正する．

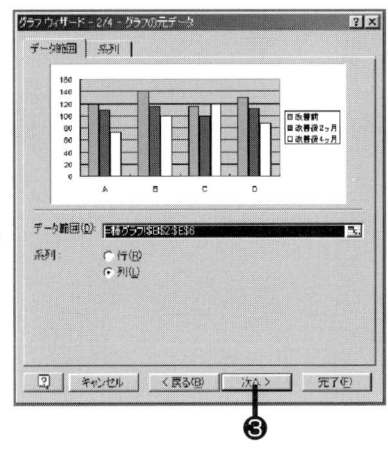

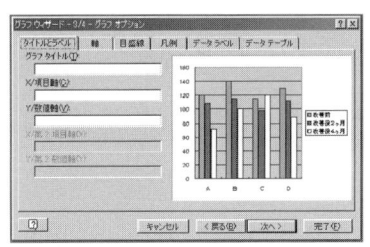

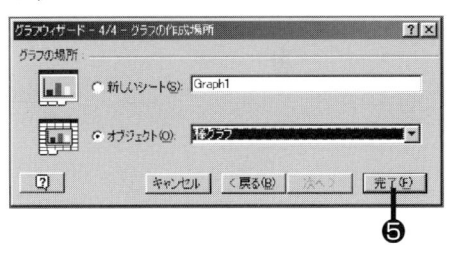

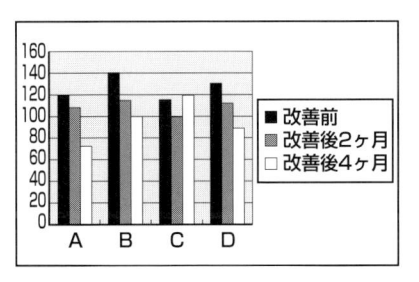

3.3 折れ線グラフ
(CD-ROM：[e-Tools]-[Q7]-[折れ線グラフ]参照)

折れ線グラフは，横軸に時間，縦軸にデータの大きさをとって，データをプロットし，線で結んだものである．時間の経過による連続的変化や傾向を示したり，多種類のデータの相対傾向を表示することができる．

1 データを収集して表を作る

データを時系列で収集してセルへ打ち込み，表を作成し，合計を計算する（詳細は「3.2 棒グラフ」を参照）．

2 折れ線グラフを作成する

打ち込んだデータで指定したグラフを作成する（詳細は「3.2 棒グラフ」を参照）．

3.3 折れ線グラフ

折れ線グラフ

マーカーを付けた折れ線グラフ

3-D折れ線グラフ

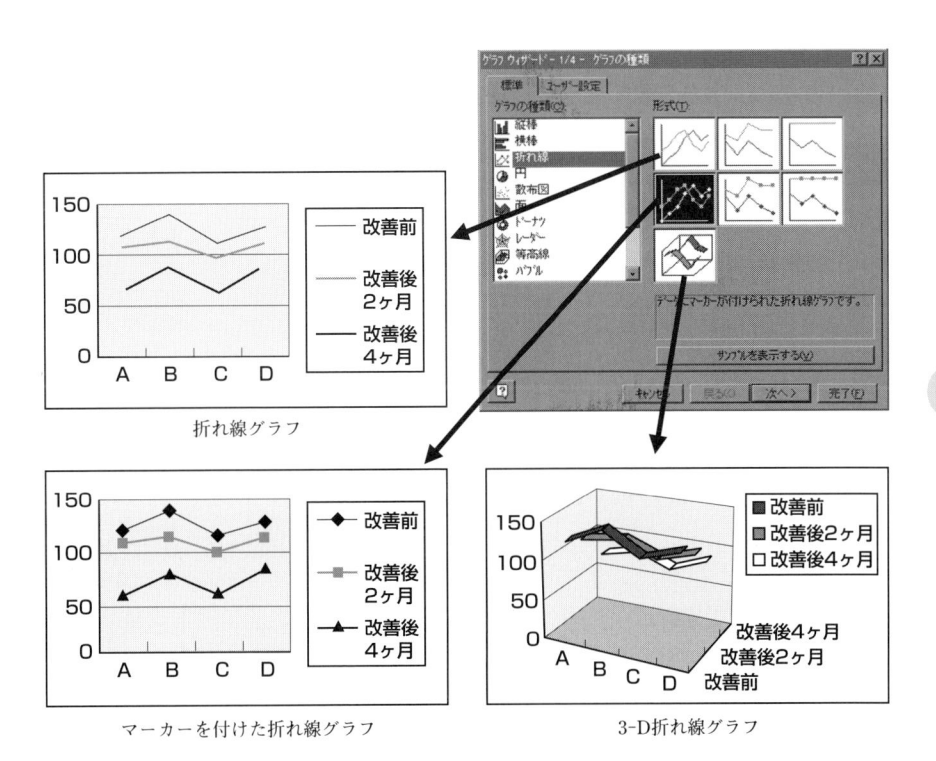

3.4 円グラフ
(CD-ROM：[e-Tools]-[Q7]-[円グラフ]参照)

円グラフは，円を各項目の比率(割合)で区切ったもので，内訳の割合を示すときに使うグラフである．作りやすく，理解させやすいという特徴を持っている．

1 データを収集して表を作る

❶ データを打ち込み，表を作る

データをセルに打ち込み，表を作る(詳細は「3.2 棒グラフ」を参照).

❷ 比率を計算する

通常は比率を計算せず，グラフを作成するときにグラフオプションで指定する([グラフウィザード3/4-グラフオプション]-[データラベル]-[データラベル]-[パーセンテージを表示する(P)]をクリックしてグラフへ直接表示する).

なお，データ分析などで比率をセルに表示したいときは，セルE3において[=D3/$D$9*100]で計算して，他のセル(E4:E9)にはコピーする．コピーするときに合計のセルD9は固定しなければならないので(絶対指定)，「$」を行番号，列番号の前に付け，$D$9とする．

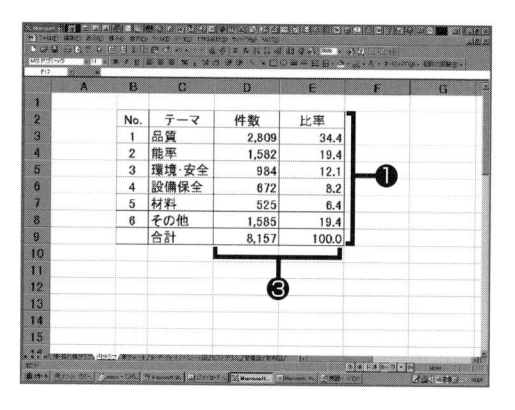

3.4 円グラフ

③ 小数点の桁数をそろえる

比率の小数点有効桁数を合わせるには，当該セル(E3:E9)をドラッグし，右クリック [セルの書式設定]-[表示形式]-[数値]-[小数点以下の桁数] で適当な桁数を指定する．

また，カンマで桁を区切りたいときは，[セルの書式設定(F)]-[表示形式]-[数値]-[桁区切り(,)を使用する(U)] を指定する．

2 円グラフを作成する

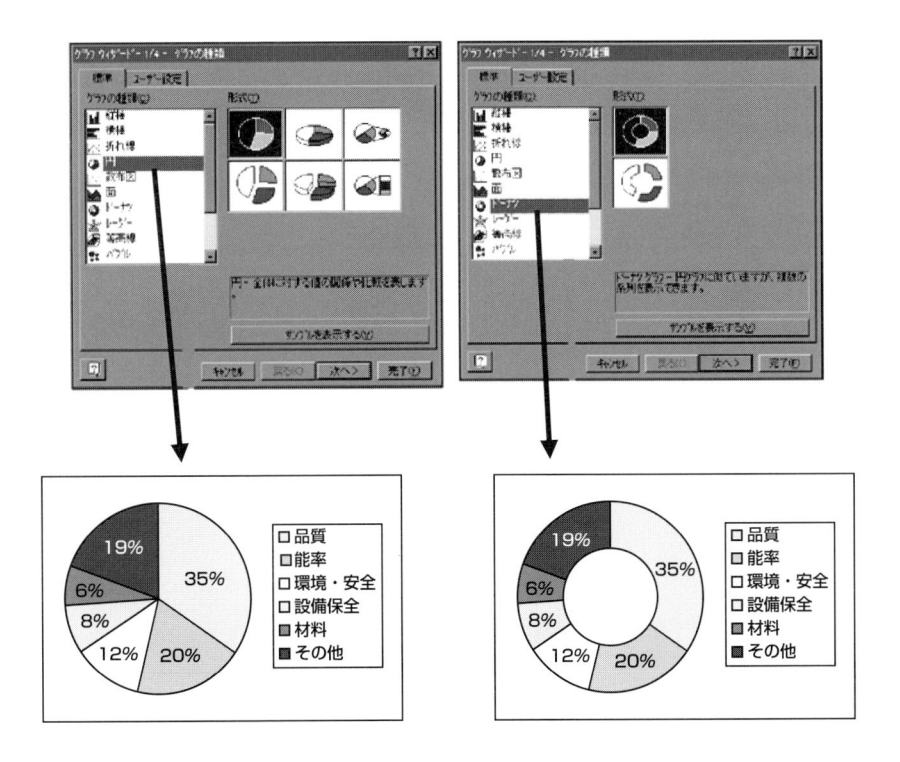

打ち込んだデータで指定したグラフを作成する(詳細は「3.2 棒グラフ」を参照)．

3.5 レーダーチャート
(CD-ROM：[e-Tools]-[Q7]-[レーダーチャート]参照)

レーダーチャートは，中心点から各項目の数だけ等間隔にレーダー状に線を引き，その線上に各項目のデータの大きさを目盛り，その点を順次結んだグラフである．評価対象が多項目の場合に比較が容易で，項目間のバランスや各項目ごとの標準値や目標値との比較が簡単にできる．

1 データを収集して表を作る

データを収集してセルへ打ち込み，表を作る(詳細は「3.2 棒グラフ」を参照)．

2 レーダーチャートを作成する

打ち込んだデータで指定したグラフを作成する(詳細は「3.2 棒グラフ」を参照)．

3.5 レーダーチャート

レーダーチャート

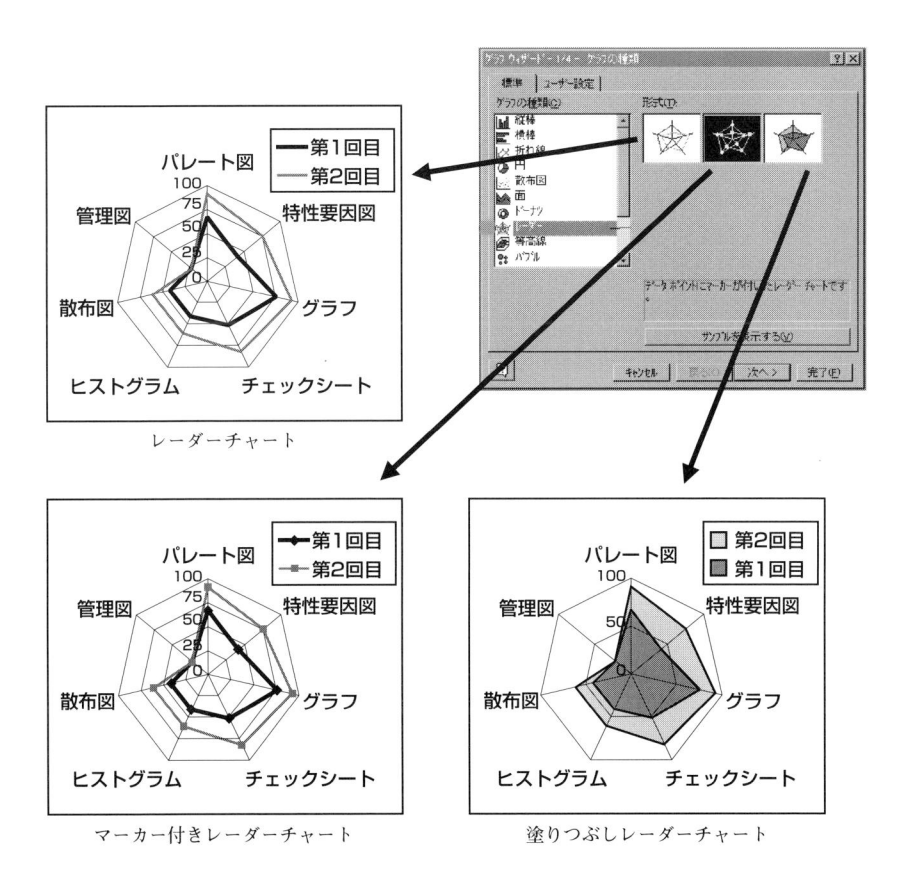

マーカー付きレーダーチャート

塗りつぶしレーダーチャート

第3章 QC七つ道具の書き方

3.6　帯グラフ
(CD-ROM：[e-Tools]-[Q7]-[帯グラフ]参照)

　帯グラフは，帯(長方形)の長さを各項目の構成比率に応じて区切ったものである．内訳の割合の比較がしやすく，構成割合の時間的変化などを見るのに適したグラフである．

1　データを収集して表を作る

　データを収集してセルへ打ち込み，表を作る(詳細は「3.2 棒グラフ」を参照)．

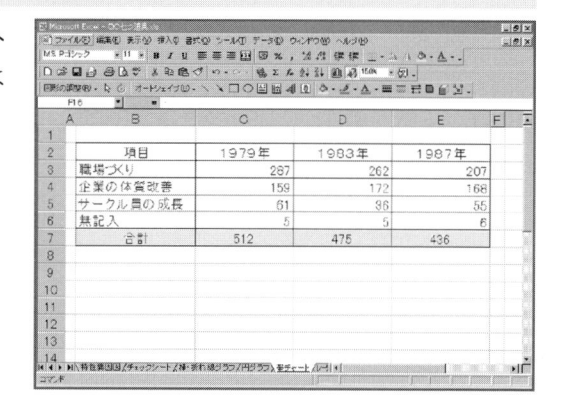

2　帯グラフを作成する

　打ち込んだデータで指定したグラフを作成する(詳細は「3.2 棒グラフ」を参照)．

3.7 ガントチャート
(CD-ROM：[e-Tools]-[Q7]-[ガントチャート]参照)

ガントチャートは，スケジュール管理に用いられるグラフの一種である．縦軸に実施項目，横軸に年月日(スケジュール)をとり，実施項目の実行計画と実績を矢印や色で区別して記入し，作業の予定や実行の管理(予実管理)を行う．

1　管理する項目とマイルストーンを決定する

① 管理する項目を決める
スケジュールを管理する項目を決める．ここでは，改善の8つのステップを管理する項目とする．

② 日程計画を決める
管理する項目の開始と終了の日程計画を決める．

③ マイルストーンを決める
それぞれの日程計画の内容(マイルストーン：そのステップで守るべき項目)を明確にする．

2　ガントチャートのフレームを作る

① 予定欄と実績欄を決める
縦軸には，1つの項目につき2行をとり，上行を予定欄，下行を実績欄とする．

② 日程単位を決める
日程単位は，目的とする予実管理(予定と実績の管理)のチェック間隔の粗さにより，セルの数を決める．ここでは上・中・下旬の3分割とした．なお，分割線は破線を用いると便利である．

③ セルの書式設定
項目欄や担当者欄はセルを結合して一体化する．当該セルをドラッグして右クリックし，[セルの書式設定(F)]-[配置]-[文字の配置]-[横位置(H)]-[標

3.7 ガントチャート

準], [縦位置(V)]-[中央揃え], [文字の制御] の [折り返して全体を表示する(W)], [セルを結合する(M)] を選択して [OK] をクリックする．

スケジュール表

項目	担当者	4月	5月	6月	7月	8月	9月	10月	11月	12月	1月	2月	3月

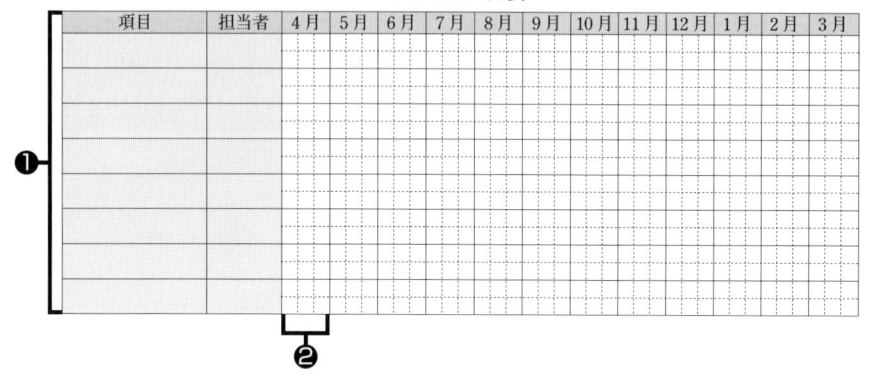

❶ ❷

3　項目内容と担当者を記入する

① 項目内容を記入する

項目の内容を入力する．

② 担当者を記入する

その項目を担当する担当者の氏名を入力する．

③ 凡例を記入する

セルを着色する方法や，矢印で表示する方法など，予実表示の方法を決めて

スケジュール表

項目	担当者	4月	5月	6月	7月	8月	9月	10月	11月	12月	1月	2月	3月
テーマ選定	福島												
あるべき姿の把握	秋田												
現状の把握	青森												
原因の解析	福岡												
解決策の選定	山口												
実施と効果の把握	静岡												
フォローアップ	三重												
レビュー	愛知												

❶ ❷ ❸

■：計画　　■：実績

3.7 ガントチャート

凡例を作る．

4 スケジュール計画を入力する

① 計画を書き込む

スケジュールの計画は，当該項目の上の行に凡例で決めた着色または矢印を書き込む方法で表示する．

[着色で表示する場合]
a) 当該セルをドラッグして，ツールバーの [塗りつぶしの色] をクリックして行う．
b) 希望の色ではなかったときは，[塗りつぶしの色] の横にあるスクロールボタンをクリックして色パレットを表示させ，任意の色を選択する

[矢印で表示する場合]
a) ツールバーの [矢印] をクリックして，当該項目の上の行のスタート点にポインタを持って行き，クリックをしたままシフトキー [Shift] を押し，計画終了点までドラッグしてクリックを離し，計画線を記入する．
b) 矢印の種類，線種や太さを変更したいときは，変更する矢印の上でクリックした後，ツールバーの[矢印のスタイル]，[実線/点線のスタイル]，[線のスタイル]をそれぞれクリックし，パレットから選択する．

スケジュール表

項目	担当者	4月	5月	6月	7月	8月	9月	10月	11月	12月	1月	2月	3月
テーマ選定	福島												
あるべき姿の把握	秋田												
現状の把握	青森												
原因の解析	福岡												
解決策の選定	山口												
実施と効果の把握	静岡												
フォローアップ	三重												
レビュー	愛知												

色で表示の場合
線で表示の場合

　：計画　　　　：実績
------→：計画　　——→：実績

5　スケジュール実績を入力する

①　実績を記入する

　実績は計画の入力と同様に行い，当該項目の下の行に着色または矢印を書き込み表示する．

②　コメントを添付する

　活動実行の中で気付いたことをコメントとして添付することができる．

　コメントを添付したいセルを右クリックし，[コメントの挿入(M)]を選択すると付箋が表示されるので，コメントを入力する．

　コメントを添付したセルは右上部に赤い三角マークが表示される．

　コメントの変更，削除や表示(非表示)をする場合は，コメントを添付したセル上で右クリックし，次の項目を選択する

　　　・コメントの変更：[コメントの編集(E)]を選択する．
　　　・コメントの削除：[コメントの削除(M)]を選択する．
　　　・コメントの表示：[コメントの表示(O)]を選択する．

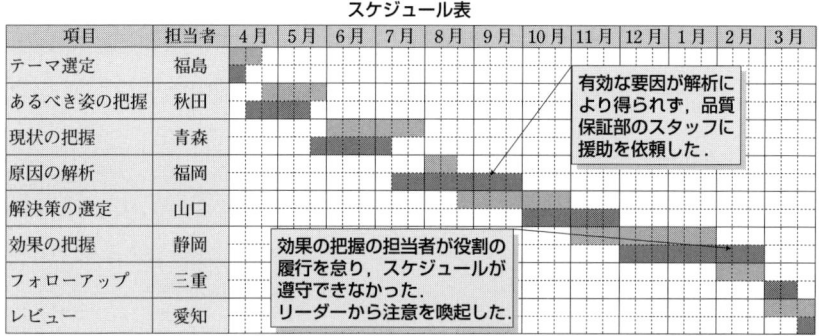

スケジュール表

項目	担当者	4月	5月	6月	7月	8月	9月	10月	11月	12月	1月	2月	3月
テーマ選定	福島												
あるべき姿の把握	秋田												
現状の把握	青森												
原因の解析	福岡												
解決策の選定	山口												
効果の把握	静岡												
フォローアップ	三重												
レビュー	愛知												

有効な要因が解析により得られず，品質保証部のスタッフに援助を依頼した．

効果の把握の担当者が役割の履行を怠り，スケジュールが遵守できなかった．リーダーから注意を喚起した．

　　　　　：計画　　　　　：実績

3.8 パレート図
(CD-ROM：[e-Tools]-[Q7]-[パレート図]参照)

　パレート図は，不適合数や損失金額などを現象や原因などの分類項目に分け，それを大きい順に並べた棒グラフと，それらの累積和を折れ線グラフで表した図である．バイタルフュー(少数重点項目)を選ぶという考え方が基本になっており，品質管理の重要ポイントである，(1)改善効果の大きい重要な問題に着目する，(2)多くの問題点の中から結果に大きな影響を与えている原因を追究する，という重点指向を実践する手法である．

1　データを収集して表を作る

①　データをセルに打ち込む

　対象のデータを収集し，セル(B2:C9)へ打ち込む．

②　罫線を引き，表を作る

　罫線はツールバーの[罫線]を使うと便利である．

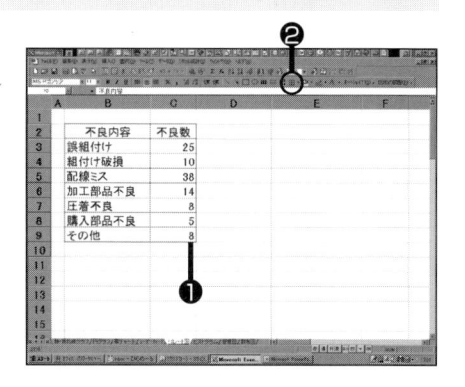

不良内容	不良数
誤組付け	25
組付け破損	10
配線ミス	38
加工部品不良	14
圧着不良	8
購入部品不良	5
その他	8

2　データを並べ替える

①　データを選択する

　データ(B2:C8)をドラッグして選択する．「その他」は最後にするために，ドラッグの範囲にしない．

②　データを並べ替える

　メニューバーから[データ(D)]-[並べ替え(S)]-[最優先されるキー]-

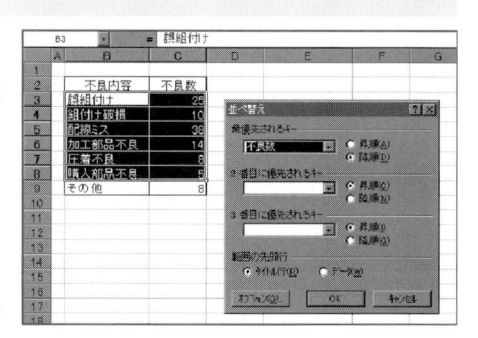

[不良数]-[降順(D)] を選択し，[OK] をクリックする．

3 合計と累積比率の計算をする

① 合計と累積比率のセルを作る
合計の算出は，合計を表示するセル(C10)にセルポインタを移動し，数式バー左側の「＝」をクリックする．そして，一番左にある [名前ボックス] で [SUM] を選び，引数としてセル(C3:C9)を選択する．式は [=SUM(C3:C9)] となる．

② 累積線のゼロ点をずらす
累積線はゼロから引くためにセルをずらして計算するので，最初に配線ミスの累積比率のセル(D3)には「0」を打ち込み，配線ミスの累積比率はセル(D4)に計算する．

③ 累積比率を計算する
表示するセル(D4)にセルポインタを移動し，数式バーの「＝」をクリックして [名前ボックス] で [SUM] を選ぶ．そして，累積する基準となるセル($C$3)と，累積の範囲を示すセル(C3)を引数としてセル($C$3:C3)を入力してそれを合計($C$10)で割り，100をかける．式は [=SUM($C$3:C3)/$C$10*100] となる（このときの単位は％になる）．

このときの「$」は，どこへ移動させても常に同じ行や列を指定する絶対指定の表示である．セル(D4)の累積比率の計算式を他のセル(D5:D10)にコピーする．

3.8 パレート図

4 パレート図を作成する

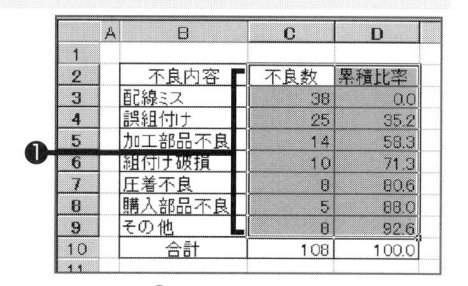

① セルを指定する

グラフ化するセル(C2:D9)を指定する.

② グラフを選択する

ツールバーのグラフウィザードを指定し,[グラフウィザード1/4 - グラフの種類]を起動させ,[ユーザー設定]-[グラフの種類(C)]-[2軸上の折れ線と縦棒]を選択して[次へ]をクリックする.

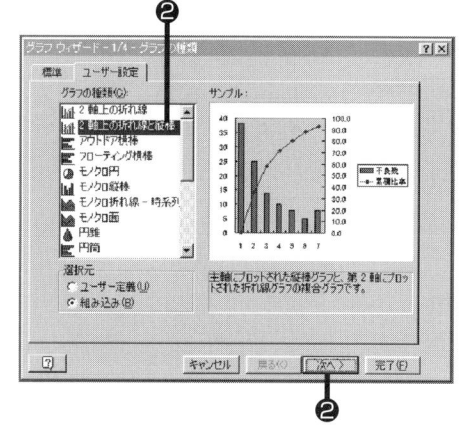

③ 系列を選択する

[グラフウィザード2/4 - グラフの元データ]-[系列]-[系列(S)]-[累積比率]-[値(V)]の右側のボタンをクリックして,セル(D3:D10)をドラッグする.そして,ボタンをクリックしてセルを指定する.

同様に[項目軸ラベルに使用(T)]の右側のボタンをクリックして,セル(B3:B9)をドラッグする.そして,ボタンをクリックして項目ラベルを指定し,[次へ]をクリックする.

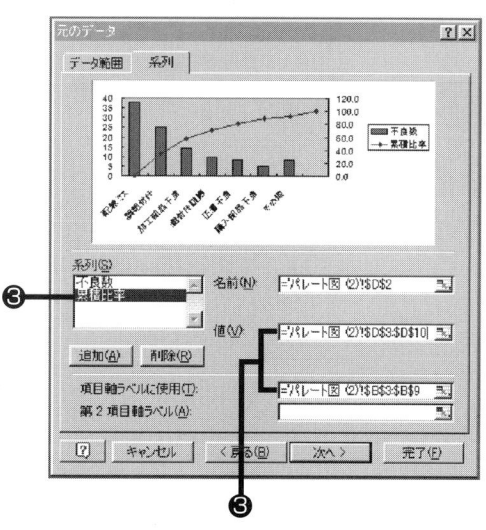

④ グラフオプションを選択する

[グラフウィザード3/4 - グラフオプション]-[軸]-[主軸(下/左側)]-[X/項目軸(G)]-[項目],[Y/数値軸(V)],[第2軸

第3章 QC七つ道具の書き方　89

3.8 パレート図

（上／右側）]-[X/ 項目軸(T)
]-[項目]，[Y/ 数値軸(L)] を
それぞれ指定して選択する．
[目盛線]，[凡例]ともに非
表示にして[データラベル]-
[なし]を指定し，[次へ]を
クリックする．

　データ表示が必要なとき
は，ここで指定する．タイト
ルや軸の説明書きが必要な
ときは，[タイトルとラベ
ル]に必要事項を記入する．

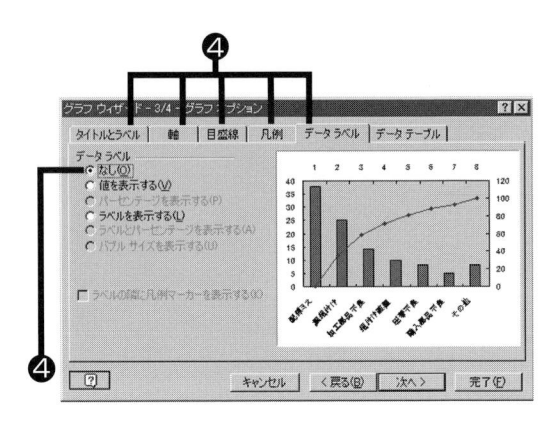

⑤ グラフの作成場所を選択する

　[グラフウィザード4/4-グラフの作
成場所]：グラフをワークシート上に
作成するときは[オブジェクト(O)]，
グラフのみ表示したいときは[新しい
シート(S)]を選択して[完了(F)]をク
リックする．

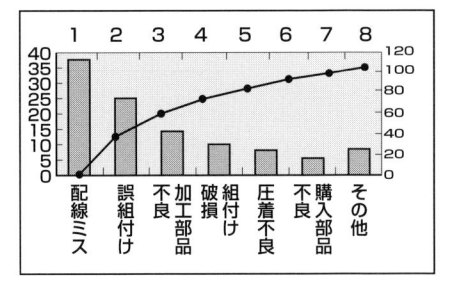

5　パレート図を修正する

① Xの第2軸の目盛数字を修正する

　Xの第2軸（パレート図の上側の軸）上を右クリックし，[軸の書式設定(O)]
を選択して，[パターン]-[目盛の種類(M)]-[なし]と，[目盛ラベル(T)]-[な
し]を指定する．さらに[目盛]-[項目境界で交差する(B)]の指定を外して，
[OK]をクリックする．

② Yの主軸を修正する

　Yの主軸（左側目盛）上を右クリックし，[軸の書式設定(O)]-[目盛]を選択
して[最小値]の指定を外し，[最大値]に108（合計値）を入力する．[目盛

3.8 パレート図

間隔]は見やすい間隔になる適当な数値(20)を入力し，[OK]をクリックする．

③ Yの第2軸を修正する

　Yの第2軸(右側目盛)上を右クリックし，[軸の書式設定(O)]-[目盛]を選択して[最小値]の指定を外し，[最大値]に100(累積比率最大値)を入力する．[目盛間隔]は見やすい間隔になる適当な数値を入力するか，または指定を外して20を再入力する．

　小数点が表示されている場合は，ツールバーの[小数点表示桁下げ]をクリックし，正数表示にする．

④ 棒グラフを修正する

　グラフの縦棒の上を右クリックして，[データ系列の書式設定(O)]-[オプション]-[棒の間隔(W)]を「0」に設定して，[OK]をクリックする．

⑤ グラフの形状を修正する

　グラフ部分をクリックし，形状を正方形にする．

⑥ 項目表示を縦書きにする

　項目表示(X主軸)を右クリックし，[軸の書式設定(O)]-[配置]-[方向]-[文字列](縦書き)で縦書きを指定して，[OK]をクリックする．

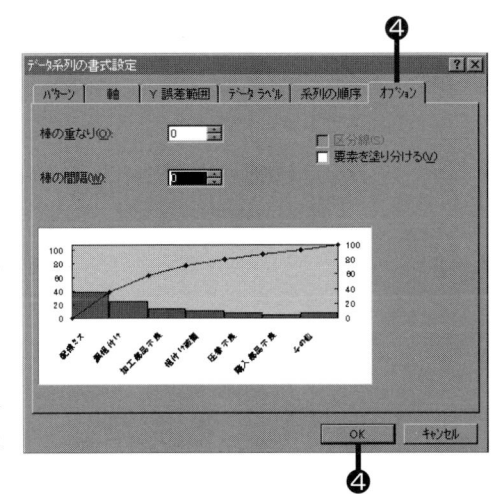

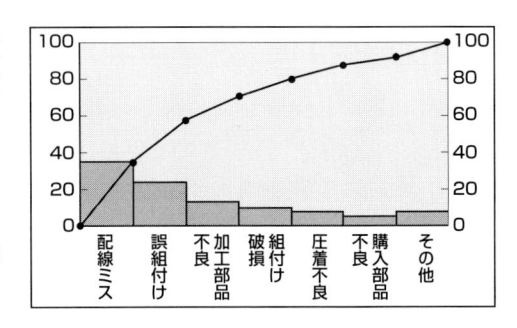

3.9 散布図
(CD-ROM:[e-Tools]-[Q7]-[散布図]参照)

散布図は,対になった2つの特性値を縦軸・横軸にとって,1組ずつデータを打点したものである.この2つの特性値が影響し合って変化しているのか,あるいは無関係に変化しているのかを判定するために用いる図である.

1 データを収集して表を作る

① データをセルに打ち込む

対象のデータを収集し,セル(B2:D52,データ数50組)へ打ち込む.

② 罫線を引き,表を作る

罫線は,ツールバーの[罫線]を使うと便利である.

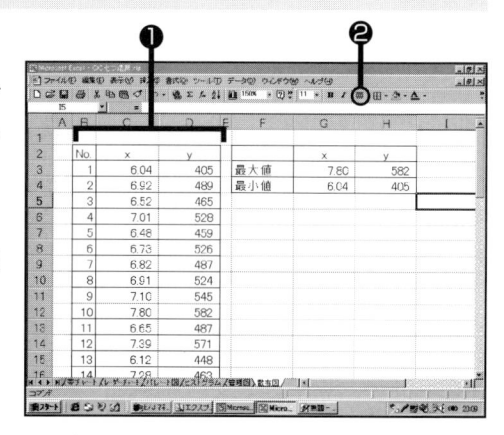

2 最大値と最小値を計算する

① 計算値を表示するセルを作る

xとyの最大値と最小値のセルを作り,罫線で囲む.

	x	y
最大値	=MAX(C3:C52)	=MAX(D3:D52)
最小値	=MIN(C3:C52)	=MIN(D3:D52)

② xの最大値を計算する

xの最大値を表示するセルにセルポインタを移動し,数式バー左側の「=」をクリックして一番左にある[名前ボックス]で[MAX](MAX関数)を選び,セル範囲(C3:C52)を選択する.式は[=MAX(C3:C52)]となる.

③ xの最小値を計算する

xの最小値を表示するセルには,同様にMIN関数を選び,セル範囲

3.9 散布図

(C3:C52)を選択する．式は [=MIN(C3:C52)] となる．

④ yの最大値，最小値に計算式をコピーする

yの最大値，最小値のセルには，xの最大値，最小値の計算式をそれぞれコピーする．

3　散布図を作成する

① セルを指定する

グラフ化するセル(C3:D52)を指定する．

② グラフを選択する

[グラフウィザード1/4-グラフの種類]を起動させ，[標準]-[グラフの種類(C)]-[散布図]-[形式(T)]-[散布図]を選択して[次へ]をクリックする．

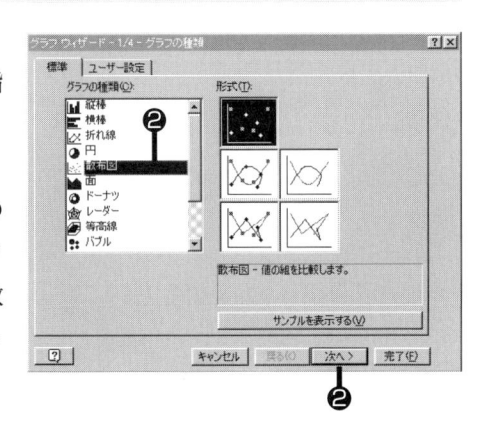

③ グラフウィザード2/4はスキップする

[グラフウィザード2/4-グラフの元データ]：通常は操作が不要なので，[次へ]をクリックする．

④ グラフオプションを修正する

[グラフウィザード3/4-グラフオプション]：[目盛線]，[凡例]共に非表示にする．その他の項目は必要があれば修正し，[次へ]をクリックする．

⑤ グラフの作成場所を指定する

[グラフウィザード4/4-グラフの作成場所]：グラフをワークシート上に作成するときは[オブジェクト(O)]，グラフのみ表示したいときは[新しいシート(S)]を選択して[完了(F)]をクリックする．

4 散布図を修正する

1 x 軸の目盛を変更する

グラフの x 軸目盛部を右クリックし，[軸の書式設定(O)]-[目盛]を選択する．x の[最大値]と[最小値]の数値を丸めて(6,8)を入力し，[OK]をクリックする．

2 y 軸の目盛を変更する

同様に y 軸目盛部を右クリックし，[軸の書式設定(O)]-[目盛]を選択する．y の[最大値]と[最小値]の数値を丸めて(400,600)を入力し，[OK] をクリックする．

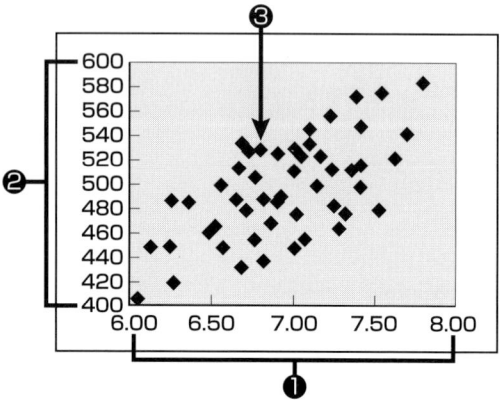

3 プロット点を変更する

プロットした点の形状を変更するには，プロット点の上で右クリックし，[データ系列の書式設定(O)]-[パターン]-[マーカー]-[スタイル(L)]でスクロールボタンを押して任意の形状を選択する．

また，色を変える場合は，[前景(F)](点の側線)，[背景(B)](点の色)のスクロールボタンをクリックして，カラーパレットで任意の色を選択する．

サイズを変えるときは，[サイズ(Z)]のスクロールボタンで任意のポイントを選択する．

5 回帰直線を記入する

1 回帰直線を記入する

プロットされた点の上で右クリックし，[近似曲線の追加(R)]-[種類]-[近似または回帰の種類]-[線形近似(L)]-[OK] を選択してクリックする．

3.9 散布図

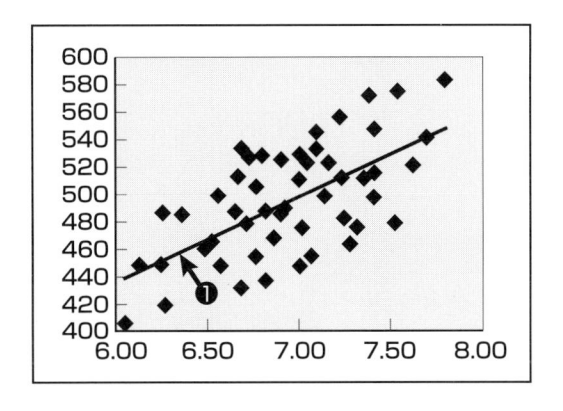

層別した散布図

層別した散布図とは，散布図のデータを層(出所が違うデータ)に分け(プロット点の形状や色を分け)，層間の違いを見るための図である．

1 データを収集して表を作る

①データをセルに打ち込む

対象のデータを収集し，セル(C2：D52)へ打ち込む(データ数50組)．

②層別記号を入力する

層別記号の欄(E列)を作り，記号(A,B)を打ち込む．

③No. 欄を設ける

データの左側(B列)にNo.欄を設け，通し番号を付ける(データを並び替えた後，最初の順番に戻すときに便利である)．

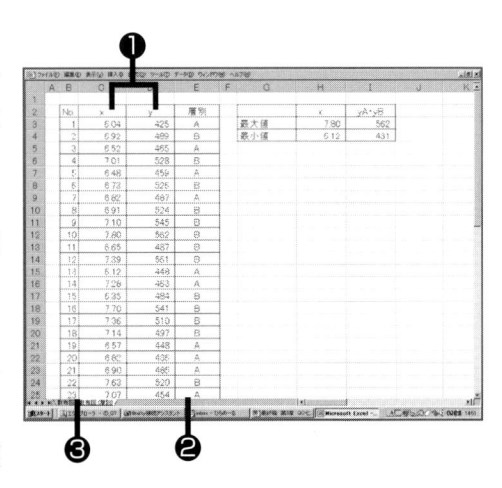

第3章 QC七つ道具の書き方

3.9 散布図

④ 罫線を引き，表を作る

罫線はツールバーの[罫線]を使うと便利である．

2 データの並べ替えと層別をする

① データを並べ替える

層別記号別データをAグループとBグループに層別するために並べ替える．セル(B3:E52)をドラッグして，[データ(D)]-[並べ替え(S)]-[優先されるキー]を指定し，表示窓の右側にあるポインタをクリックして[層別]を選択し，[昇順]-[OK]をクリックする．データがAグループとBグループに層別される．

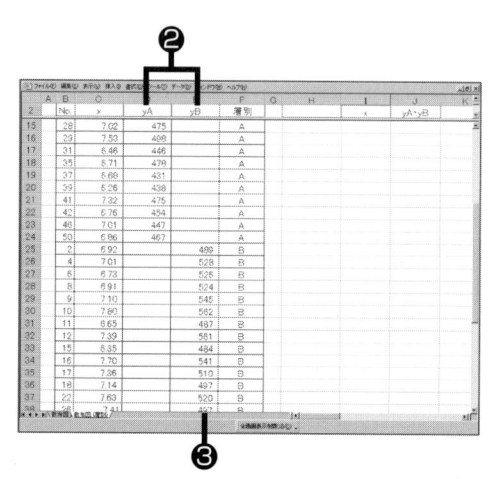

② 層別用のデータ欄を作る

データyの横に1列挿入して，yの列(D列)の表題をyA，挿入した列(E列)の表題をyBとする．

③ データを移動させる

yB欄にBグループのデータを移動させる．

3 最大値と最小値を計算する

① 計算値を表示するセルを作る

xとyA・yBの最大値と最小値のセルを作り，罫線で囲む．

② xの最大値を計算する

散布図の最大値の計算と同様にセル範囲(C3:C52)を選択して行う．式は[=MAX(C3:C52)]となる．

	x	yA・yB
最大値	=MAX(C3:C52)	=MAX(D3:E52)
最小値	=MIN(C3:C52)	=MIN(D3:E52)

3.9 散布図

3 **xの最小値を計算する**

同様に MIN 関数を選び，セル範囲(C3:C52)を選択する．式は [=MIN(C3:C52)] となる．

4 **yの最大値，最小値を計算する**

yA・yB の最大値，最小値のセルには，x の最大値，最小値の計算式をコピーして，データ範囲を(D3:E52)に修正する．

4 層別した散布図を作成する

グラフ化するセル(C3:E52)を指定し，散布図と同様の手順で，層別散布図を作成する．

5 層別した散布図を修正する

通常の散布図(p.94)と同様の手順で，層別した散布図を修正する．プロット点は yA，yB を区別するように形状や色を変える．

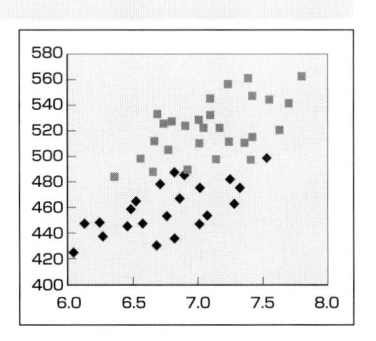

6 回帰直線を記入する

層別した散布図に yA，yB を区別した回帰直線を描く．

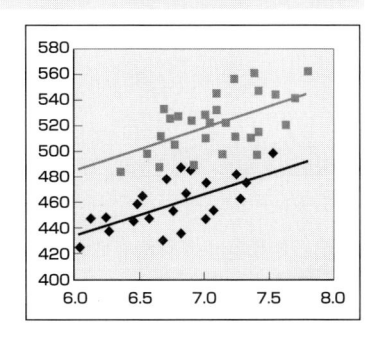

第3章 QC七つ道具の書き方　97

3.10 特性要因図
(CD-ROM：[e-Tools]-[Q7]-[特性要因図]参照)

特性要因図は，特性(結果)に影響を及ぼすと思われる要因(原因)の関連を整理して，体系的にまとめた言語データを活用する図である．

1　要因リストを作成する

❶ 層別したデータを貼り付ける

後述する「4.1 言語データの層別」で体系化したデータを活用して，リストの形でワークシートに貼り付ける．

❷ データを配置する

配置はA列に特性を，順次B列に1次要因(大骨)，C列に2次要因(中骨)，D列に3次要因(小骨)を系列的に入力する(ドラッグ・ペーストで行う)．

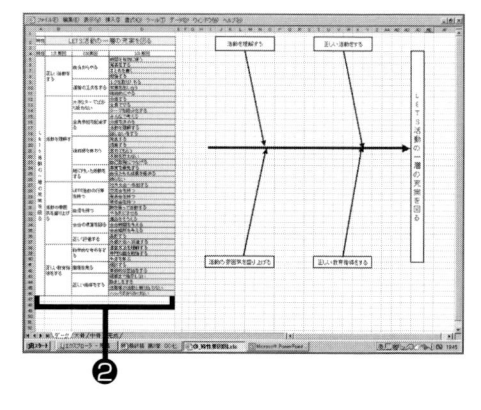

2　大骨を作成する

❶ 列幅を縮める

要因リストの右側の列をクリックし，ドラッグしながら縮める列を選択する(F列～AC列程度)．選択の幅は縮めた後で，画面で一括して見える程度(ズーム：50%程度)とする．

❷ 行幅を縮める

同様にして行幅(4行～50行程度)も縮め，スクロールせずに作業ができる環境を作る．行の幅は使用する文字の大きさで選定する．

❸ 特性の枠を作る

3.10 特性要因図

特性の枠を作る．特性は文字を大きくするので，文字数によって必要なセルをドラッグ（AD4：AD39）し，右クリックして [セルの書式設定（F）]-[配置]-[方向]-[文字列]（縦書き），[文字の配置]-[横位置（H）]-[中央揃え]，[縦位置（V）]-[中央揃え]，[文字の制御]-[セルを結合する（M）]，[フォント]-[サイズ（S）]-[18pt] を指定して [OK] をクリックする．

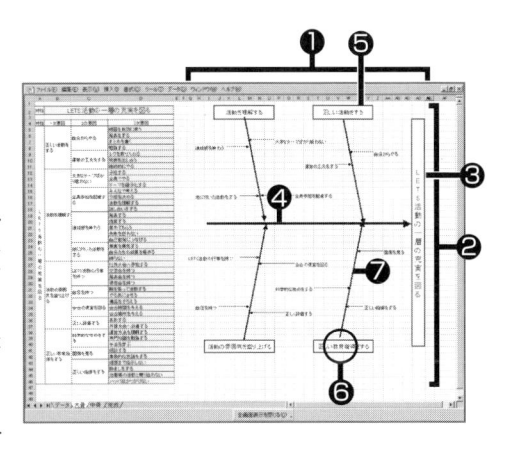

枠は，[罫線]-[外枠太罫線] を使って強調する．特性の枠に式 [=B2] を入れ，特性のセルの内容を自動的に表示できるようにする．

❹ 背骨を描く

特性に向かって太い背骨になる矢線を描く．矢線は一番太い 6pt 程度の太さを使う．

❺ 大骨要因の枠を作る

特性の枠と同様に必要な大骨の枠を作る．大骨は文字を大きくするので，文字数によって必要なセルを複数ドラッグしてスペースを確保する．ここでは，(T2:Y3) をドラッグしておき，右クリックして [セルの書式設定（F）]-[配置]-[文字の配置]-[横位置（H）]-[中央揃え]，[縦位置（V）]-[中央揃え]，[文字の制御]-[セルを結合する（M）]，[フォント]-[サイズ（S）]-[12pt] を指定して[OK] をクリックする．

枠は，[罫線]-[外枠太罫線] を使って強調する．

その他の大骨は，書き上げた大骨枠を必要な数だけコピーして使う．

❻ 大骨要因を貼り付ける

該当する大骨の要因を要因リストからコピーして，貼り付ける．

❼ 矢線を記入する

大骨の枠から背骨へ向かって矢線を描く．矢線は 3pt 程度の太さを使う．

3.10 特性要因図

3　中骨要因を書き込む

① 中骨要因を貼り付ける

要因リストの中骨要因をポインタして数式バーへ表示させ，それをコピーして，スペースを考慮したうえで貼り付ける．

② 長い要因は折り返す

要因の表記が長いときは，複数のセルを結合し，セルの中で折り返してスペースを作る．まず，必要なセルをドラッグしておき，右クリックして [セルの書式設定(F)]-［配置］-［文字の配置］-［横位置(H)］-［中央揃え］，［縦位置(V)］-［中央揃え］，［文字の制御］-［折り返して全体を表示する(W)］と［セルを結合する(M)］を指定し，[OK] をクリックする．

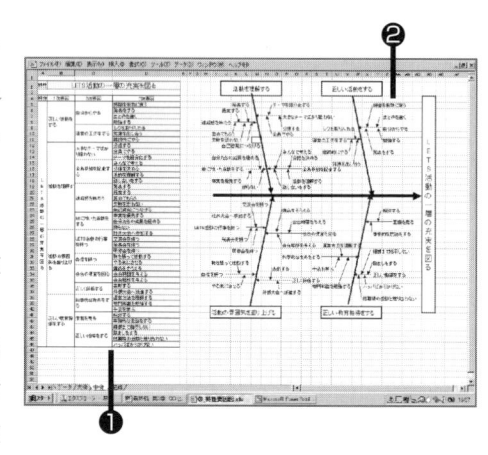

③ 矢線を記入する

中骨要因とそれぞれの上位の骨とを矢印で結ぶ．

4　小骨要因を書き込む

① 小骨要因を貼り付ける

要因リストの小骨要因をポインタして数式バーへ表示させ，それをコピーして，スペースを考慮したうえで貼り付ける．

② 長い要因は折り返す

要因の表記が長いときは，中骨と同様に複数のセルを結合して，要因を折り返して表示する．

③ 矢線を記入する

小骨要因とそれぞれの上位の骨とを矢線で結ぶ．矢線は川の流れのように描くと見やすい特性要因図になる．

3.10 特性要因図

❹ 要因の位置を確認する

中骨，小骨の要因の位置を間違えないように注意する．

❺ 特性要因図を完成させる

要因リストのすべての要因を貼り付けて特性要因図を完成させる．

6　要因を絞り込む

❶ 要因を絞り込む

データやメンバーの意見を取り入れて要因を絞り込み，重要要因を決める．

❷ 重要要因に着色して協調する

重要要因のセルをツールバーの[罫線]-[外枠]で囲み，[塗りつぶしの色]の任意の色を用いて強調する．

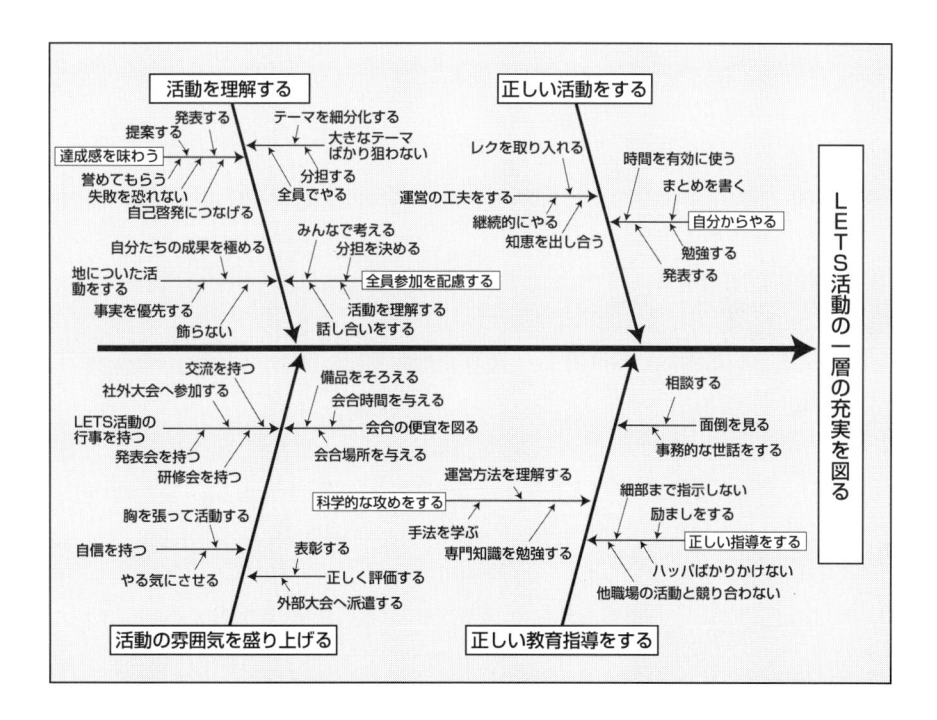

```
                活動を理解する              正しい活動をする
                 発表する
             提案する    テーマを細分化する
                      大きなテーマ
 達成感を味わう          ばかり狙わない      レクを取り入れる   時間を有効に使う
    誉めてもらう        分担する                           まとめを書く
    失敗を恐れない      全員でやる         運営の工夫をする
    自己啓発につなげる                    継続的にやる       自分からやる
    自分たちの成果を極める   みんなで考える  知恵を出し合う     勉強する
                      分担を決める                        発表する
  地についた活動         全員参加を配慮する
   をする
   事実を優先する        活動を理解する                              LETS活動の
   飾らない            話し合いをする                              一層の充実を図る

           交流を持つ      備品をそろえる       相談する
   社外大会へ参加する    会合時間を与える         面倒を見る
   LETS活動の          会合の便宜を図る         事務的な世話をする
   行事を持つ
   発表会を持つ          会合場所を与える
   研修会を持つ                        運営方法を理解する   細部まで指示しない
                       科学的な攻めをする                  励ましをする
   胸を張って活動する        手法を学ぶ                     正しい指導をする
   自信を持つ          表彰する    専門知識を勉強する        ハッパばかりかけない
   やる気にさせる         正しく評価する                     他職場の活動と競り合わない
                      外部大会へ派遣する
         活動の雰囲気を盛り上げる          正しい教育指導をする
```

3.11 チェックシート
(CD-ROM：[e-Tools]-[Q7]-[チェックシート]参照)

チェックシートは，データを項目別に収集したり，点検や確認を抜け落ちなく実施するために用いるフォーマット用紙で，データや点検結果を簡単な記号でマーキングして使うように工夫をほどこしてある．

データ収集をするものを調査(記録)用，点検や確認に用いるものを点検用チェックシートと呼び，活用経験をもとに改善してさらに使いやすく工夫を行うことで，データ収集や点検などの精度や効率を上げることができる．

調査(記録)用チェックシート

目的に従って調査したり，データをチェックする際に用いるチェックシートで，簡単に記録ができるように工夫してある．

1 チェックシートを設計する

調査すべき対象を明確にしてチェックシートを設計する．ここでは，衣服縫製後の検査データをチェックする記録用チェックシートを設計する．

①　不適合モードを設定する

メンバーの過去の経験で不適合になりそうな項目(不適合モードと呼ぶ)を洗い上げる．

衣服の不適合数　　　　　　　　　　　　　個数＝●

	7月14日	7月15日	7月16日	7月17日	7月18日	7月19日	合計
縫製							0
仕上がり							0
汚れ							0
キズ							0
その他							0
合計	0	0	0	0	0	0	

❶

3.11 チェックシート

②　層別項目を設定する

不適合モードの項目から，原因追究に貢献できそうな層別項目も考える．層別項目は，収集するデータのばらつきの原因になりそうな項目をピックアップする．ここでは内容をシンプルにするために，層別項目はないものとした．

③　チェックシートを設計する

ピックアップした不適合モード（予測外のモードに対応するために「その他」を設定しておく）と，調査期間のマトリックスを組む．測定期間は 1 週間を単位と考え，6 日分と設定してある．

④　シートを作成する

不適合のマークを「●」（テキスト）と設定しているので，その数をカウントする構造にする．また，マークを記録するセル数は 2 段にして，合計 10 セルとしてある．

不適合モード，日付，合計は共に複数のセルが存在するので，これを結合する．また，文字はそれぞれのセルの中央に来るように設定する．

結合および文字の位置の設定は，当該セルをドラッグし，右クリックして [セルの書式設定(F)]-[配置]-[横位置(H)]-[中央揃え]，[縦位置(V)]-[中央揃え]，[セルを結合する(M)] を選択して [OK] をクリックする．

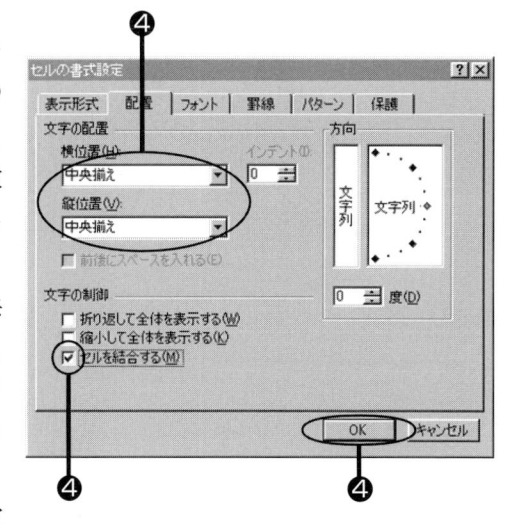

⑤　日付を記入する

日付セルは，調査の日付を最初のセル（C2）に打ち込む．ここでは[7/14]と打ち込み，そのセルをポイントしたままで表示する方法を設定する．設定は [セルの書式設定(F)]-[表示形式]-[分類(C)]-[日付]-[種類(T)]-[7 月 14 日]（表示方法はここで選択する）を選択し，[OK] をクリックする．

それ以降の日付セルは，オートフィル機能を用いてコピーする．

3.11 チェックシート

6 合計セルへ関数を埋め込む

合計セルは，不適合モード(横)及び日付(縦)ごとに設け，不適合のマーク「●」(テキスト)の数をカウントする構造にする．セルには検索関数 [=COUNTIF(範囲, "●")] を埋め込む．たとえば不適合モードの縫製であれば [=COUNTIF(C3:AF4, "●")] となる．総合計は，不適合モード及び測定日ごとに合計するので，関数は [=SUM(AG3:AG12)] になる．

2 調査結果を記入する

調査で不適合が発生したら，そのつど該当セルに「●」を記入する．調査が終了したら，合計のデータでパレート図やグラフを書いて内容を検討する．

衣服の不適合数 個数：●

	7月14日	7月15日	7月16日	7月17日	7月18日	7月19日	合計
縫製	●●●●	●●	●●	●●●	●●	●●●	16
仕上がり	●●●●	●	●●	●	●●	●●●	13
汚れ	●●●●●●●		●●●	●●●	●●●●●	●●●●●●	27
キズ	●●●●●●●●	●●●	●●	●●		●●●●●	25
その他	●●●	●●	●●	●●	●●	●●●	14
合計	26	11	11	11	13	23	95

3 チェックシートを改訂する

チェックシートは実際に使ってみて，使い勝手が良くなるように改訂する．ここでは，機械別にデータを集める必要が出たので，その改訂を行った．

不適合は，1号機：●，2号機：▲で表すことにして，不適合モードごとにデータを集計する．また，測定日ごとの合計は1号機，2号機の合計とする．

3.11 チェックシート

衣服の不適合数　　　　　　個数：1号機 ● 2号機 ▲

	7月14日	7月15日	7月16日	7月17日	7月18日	7月19日	1号機	2号機	合計
縫製	●▲●●	●●	●●	●●▲	●●	●●●	14	2	16
仕上がり	●●▲●	▲	●●		●●	●●●	11	2	13
汚れ	●●▲●● ●●	●●●	●●●	●●▲●	●●●●● ●	●●●●●	25	2	27
キズ	●●●▲● ●▲●	▲●●●	●▲	●●		●●▲●● ●▲●	19	6	25
その他	▲●●		●●	▲●		▲●●	11	3	14
合計	26	11	11	11	13	23	80	15	95

不適合モードの合計の前に1号機，2号機の合計欄を挿入し，セルの結合の設定を行って層別した合計を表示するセルを作る．このセルの関数は，縫製の層別の場合，1号機 [=COUNTIF(C3：AF4，"●")]，2号機 [=COUNTIF(C3：AF4，"▲")] となる．また，合計は層別データを合計するので，[=SUM(AG3：AH4)] とする．

測定日ごとの集計は1号機，2号機の合算なので，いずれのマークをもカウントするワイルドカード「*」を用いる．7月14日の合計は [=COUNTIF(C3:G12，"*")] となる．このように変更すると，層別したデータが自動的に集計され，機械の調子もすぐわかるようになる．他のセルも同様に変更する．

点検用チェックシート

日常の作業を正しく行うために，あらかじめ決められた手順を確実に実施したり，あるいは点検するときに用いるチェックシートである．

1　チェックシートを設計する

点検すべき対象と項目を明確にしてチェックシートを設計する．ここでは，自動車の日常点検用チェックシートを設計する．

3.11 チェックシート

① 点検項目を設定する

メンバーで点検項目を洗い出し，内容を吟味して決定する．

自動車の日常点検リスト　　　　　∨：異常なし　×：異常

点検項目		チェック				
		7/14	7/15	7/16	7/17	7/18
エンジンルーム	冷却水の量と漏れ					
	ファンベルトの損傷とたわみ					
	エンジンオイルの量と汚れ					
	二次コードの接続					
	ブレーキ・クラッチオイル液の量					
	バッテリー液の量とターミナルの接続					
足周り	タイヤの空気圧と磨耗，損傷					
	下部の水，油漏れ					
	スプリングの損傷					
トランクルーム	ジャッジ，工具類の有無					
	スペアータイヤの空気圧					
ダッシュボード	エンジンの始動具合					
	各計器の作動					
	ハンドルの遊び，がた					
	フラッシュの作動					
点検結果	異常なし件数					
	異常件数					
	点検漏れ					

② チェックシートを設計する

ピックアップした点検項目をもとに，5日分のチェックシートを設計した．

③ 関数を埋め込む

チェックのマークが「∨：異常なし，×：異常」（テキスト）と設定されているので，その数をカウントすると同時に，チェック抜けを防ぐために空欄（点検漏れ）もカウントする構造にする．

7月14日の点検結果を例にとると，関数は異常なし：[= COUNTIF(D4:D18,"∨")]，異常：[=COUNTIF (D4:D18,"×")]，点検漏れ（空欄）：[=COUNTIF (D4:D18,"")] になる．

その他のセルにおける文字の位置，セルの結合や日付セルへの関数の埋め込みなどは，調査用チェックシートの設計を参照のこと．

3.11 チェックシート

自動車の日常点検リスト　　　　V：異常なし　×：異常

点検項目		チェック				
		7/14	7/15	7/16	7/17	7/18
エンジンルーム	冷却水の量と漏れ	V	V	V	V	V
	ファンベルトの損傷とたわみ	V	×	V	V	V
	エンジンオイルの量と汚れ	V	V	V	V	V
	二次コードの接続	V	V	V	V	V
	ブレーキ・クラッチオイル液の量	V	V	V	V	V
	バッテリー液の量とターミナルの接続	V	V	V	V	V
足周り	タイヤの空気圧と磨耗, 損傷	×	×	×	V	V
	下部の水, 油漏れ	V	V	V	V	V
	スプリングの損傷	V	V	V	V	V
トランクルーム	ジャッジ, 工具類の有無	×	V	V	V	V
	スペアータイヤの空気圧		×	V	V	V
ボディダッシュ	エンジンの始動具合	V	V	V	V	V
	各計器の作動	V	V	V	V	V
	ハンドルの遊び, がた	V	V	V	V	V
	フラッシュの作動	V	V	V	V	V
点検結果	異常なし件数	12	12	14	15	15
	異常件数	2	3	1	0	0
	点検漏れ	1	0	0	0	0

3.12　ヒストグラム
(CD-ROM：[e-Tools]-[Q7]-[ヒストグラム]参照)

　ヒストグラムは，データの存在する範囲をいくつかの区間に区切り，各区間に入るデータの出現度数を棒グラフで表してデータの分布やばらつき具合を見るものである．中心線や規格線を入れることで，データの偏りや規格との関係も表すことができる．

ヒストグラムの見方

　ヒストグラムの分布の形状には以下のようなものがあり，その形からデータの集団としての情報が得られる．

名　称	分布の形状	説　明	見　方
ベル型 (釣り鐘型)		度数は中心付近が最も高く，中心から離れるに従って，左右対称に近い形で，徐々に少なくなる．	工程が安定状態にあるとき，一般的に現れる．
歯抜け型 (くし歯形)		区間の一つおきに度数が少なくなっており，歯抜けになっている．	区間の幅を測定単位の整数倍にしない場合や，測定者の測定時に目盛の読み方に癖がある場合に発生する．
右裾引き型 (左裾引き型)		ヒストグラムの平均値が分布の中心値より左寄りにあり，度数が左側がやや急に，右側がなだらかになっている分布の形で，左右が非対称になっている．	データの構造的，理論的あるいは規格などで下限側(上限側)制限されている場合や，マイナス側がないようなときに現れる．
左絶壁型 (右絶壁型)		ヒストグラムの片側が絶壁のようになっている状態をいい，下限限界値より，それ以下のデータが削除されている場合などに現れる現象である．限界値以下が不適合品の場合は不適合品が混入するおそれがあるので最も注意を要する．	規格以下のものを全数選別して取り除いた場合などに現れる．測定のごまかしや測定誤記などの場合にも現れる．
高原型		各区間に含まれる度数があまり変わらず，高原状になっている．	平均値が多少異なるいくつかの分布が入り混じった場合に現れる．
ふた山形		分布の中心付近の度数が少なく，左右に山がある．	平均値の異なる2つの分布が混じり合っている場合に現れる．例えば，2台の機械間，2種類の原料間に差があるものを同じデータとして扱った場合など．
離れ小島型		ヒストグラムの平均値が分布の右端，または左端に離れ小島状のデータの山ができる．	異なった分布からのデータが一部混入したり，プロセスの故障など突然的な変種の発生の記入ミスなどにより発生する．

3.12 ヒストグラム

規格値と比較する場合の見方

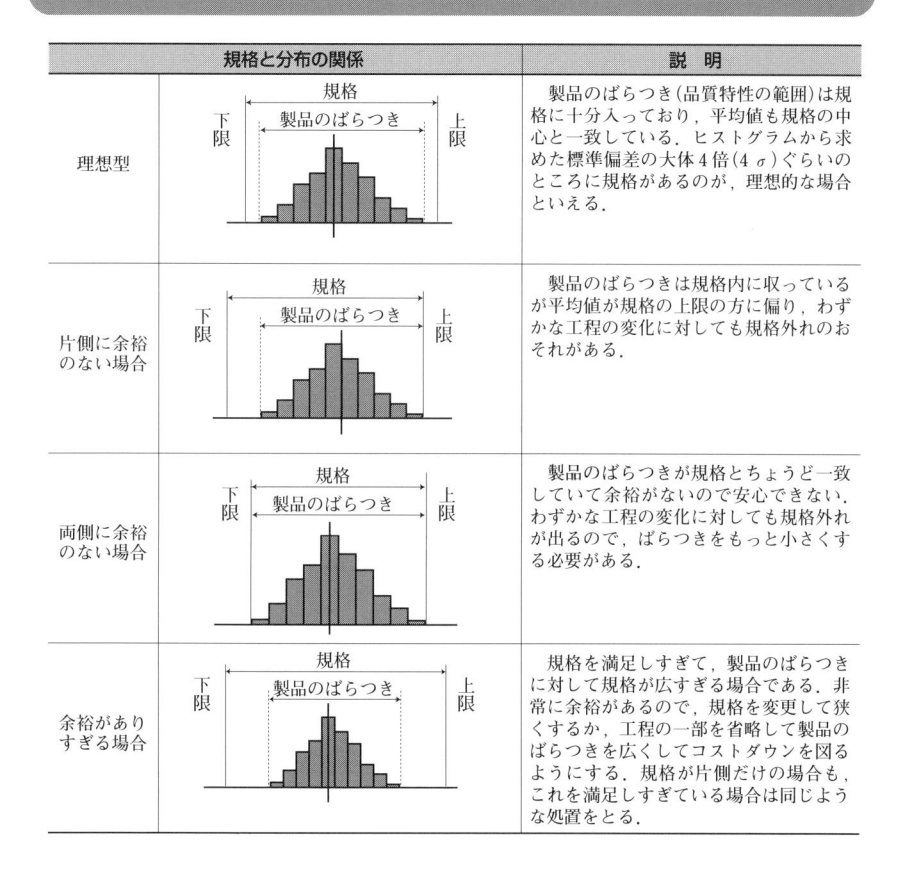

	規格と分布の関係	説 明
理想型	規格 下限〜上限、製品のばらつき	製品のばらつき(品質特性の範囲)は規格に十分入っており，平均値も規格の中心と一致している．ヒストグラムから求めた標準偏差の大体4倍(4σ)ぐらいのところに規格があるのが，理想的な場合といえる．
片側に余裕のない場合	規格 下限〜上限、製品のばらつき	製品のばらつきは規格内に収っているが平均値が規格の上限の方に偏り，わずかな工程の変化に対しても規格外れのおそれがある．
両側に余裕のない場合	規格 下限〜上限、製品のばらつき	製品のばらつきが規格とちょうど一致していて余裕がないので安心できない．わずかな工程の変化に対しても規格外れが出るので，ばらつきをもっと小さくする必要がある．
余裕がありすぎる場合	規格 下限〜上限、製品のばらつき	規格を満足しすぎて，製品のばらつきに対して規格が広すぎる場合である．非常に余裕があるので，規格を変更して狭くするか，工程の一部を省略して製品のばらつきを広くしてコストダウンを図るようにする．規格が片側だけの場合も，これを満足しすぎている場合は同じような処置をとる．

ヒストグラムの書き方

1 データを収集して表を作る

① データをセルに打ち込む

対象のデータ(この例では100点)を収集し，セル(B2:F21)へ打ち込む．データの数は分布を正確に見るために，最低でも30以上あることが望ましい．

第3章 QC七つ道具の書き方

3.12 ヒストグラム

②　罫線を引き，表を作る

罫線はツールバーの [罫線] を使うと便利である．

2　ヒストグラムに必要な数値を計算する

①　仕様の数値一覧表を作る

ヒストグラムを書くのに必要な仕様の数値をセル(H2:I11)に一覧表にしてまとめる．

②　データの測定単位を入力する

セル(I3)にデータの測定単位0.01(mm)を入力する．

③　データの数をカウントする

セル(I4)に式 [=COUNT(B2:F21)] を入力して，データの数をカウントする．

④　データの最大値・最小値を決める

セル(I5)に式 [=MAX(B2:F21)]，セル(I6)に式 [=MIN(B2:F21)] を入力し，データの最大値と最小値を求める．

⑤　データの範囲を決める

セル(I7)に式 [=I5－I6] を入力して最大値と最小値の差求める．

名　称	数　値
測定単位	0.01
データ数	=COUNT(B2:F21)
最大値	=MAX(B2:F21)
最小値	=MIN(B2:F21)
範囲	=I5－I6
nの平方根	=SQRT(I4)
区間の数	=ROUND(I8,0)
仮の区間の幅	=I7/I9
区間の幅	=ROUND(I10,2)

⑥　区間の数(k)を決める

区間の数は，その根拠となるデータの数(n)の平方根を求める式 [=SQRT(I4)] をセル(I8)に入力して求め，さらにそれを整数にするための式 [=ROUND(I8,0)] をセル(I9)に入力して決める．

⑦　区間の幅を決める

データの範囲のセル [I7] を区間の数のセル [I9] で割った式 [=I7/I9] から算出した仮の区間の幅をセル(I10)に入力する．そして，データの有効桁数を小

3.12 ヒストグラム

数点2桁にする式をセル(I11)に[=ROUND(I10,2)]と入力して区間の幅を決める.

3 区間の境界値と中心値を決める

それぞれの区間の下側,上側境界値(柱の境界値)を算出して表にまとめる.
- 第1区間の下側境界値(最小値−測定単位/2)をセル(L3)に式[=I6 − I3/2]で入力する.
- 第1区間の上側境界値(下側境界値+区間の幅)をセル(M3)に式[=L3+$I$11]で入力する.
- 第1区間の中心値((上側境界値+下側境界値)/2)をセル(N3)に式[=(M3+L3)/2]で入力する.
- 第2区間の下側境界値はセル(L4)に第1区間の上側値である式[=L3+$I$11]を入力する.
- 他の区間は下側境界値のセル(L4),上側境界値のセル(M3),中心値のセル(N3)をともに複写する.

【注】 一番大きな区間の上側境界値にデータの最大値が含まれていることを確認する.含まれていない場合は区間数を1つ増やして最大値が含まれるようにする.

	A	B	C	D	E	F	G	H	I	J	K	L	M	N	O
1															
2		9.96	10.02	9.94	9.83	9.90		名称	数値		No.	下側境界値	上側境界値	中心値	度数
3		9.92	10.00	9.97	9.95	10.03		測定単位	0.01		1	9.755	9.805	9.78	1
4		9.99	10.09	10.03	10.08		データ数	100		2	9.805	9.855	9.83	3
5		10.06	10.08	10.03	10.14	9.90		最大値	10.24		3	9.855	9.905	9.88	14
6		9.91	10.18	10.12	10.16	10.11		最小値	9.76		4	9.905	9.955	9.93	18
7		10.10	10.07	10.02	10.00	9.97		範囲	0.48		5	9.955	10.005	9.98	25
8		9.98	9.87	9.91	9.89	9.93		nの平方根	10		6	10.005	10.055	10.03	14
9		10.13	10.00	10.00	9.94	10.00		仮の区間の数	10		7	10.055	10.105	10.08	12
10		9.98	10.04	9.96	9.93	9.99		仮の区間の幅	0.048		8	10.105	10.155	10.13	8
11		9.99	9.90	10.00	9.89	9.91		区間の幅	0.05		9	10.155	10.205	10.18	3
12		9.99	10.13	9.92	9.93	9.97					10	10.205	10.255	10.23	2
13		10.05	9.92	10.04	9.96	9.89									
14		9.92	9.81	10.06	9.75	9.88									
15		9.93	10.00	9.93	10.02	10.13									
16		9.98	9.88	10.01	9.94	9.88									
17		9.87	10.01	10.24	10.15	10.01									
18		10.20	9.97	9.86	10.08	10.01									
19		9.90	9.95	9.95	9.86	10.22									
20		10.13	9.85	10.08	10.08	9.95									
21		10.07	10.00	9.97	9.97	10.01									

3.12 ヒストグラム

4　区間のデータ出現度数の抽出

度数の抽出は，度数分布をカウントする関数 [FREQUENCY(データのセルの範囲，上側限界値の範囲)] を使って No.1 の当該セル(O3)に式 [FREQUENCY(B2:F21,M3:M12)]を入力する．No.1～10の度数欄(セル(O3:O12))をドラッグした後，数式バーの [=FREQUENCY] の前の空白をクリックし，「Ctrl」と「Shift」キーを同時に押したまま「Enter」キーを押して複写する(配列複写)と，各区間のデータの出現度数がカウントされる．このときの式の表示は {=FREQUENCY(B2:F21,M3:M12)} となる．

No.	下側境界値	上側境界値	中心値	度　数
1	=I6-I3/2	=L3+$I$11	=(M3+L3)/2	{=FREQUENCY(B2:F21,M3:M12)}
2	=L3+I$11	=L4+$I$11	=(M4+L4)/2	{=FREQUENCY(B2:F21,M3:M12)}
3	=L4+$I$11	=L5+$I$11	=(M5+L5)/2	{=FREQUENCY(B2:F21,M3:M12)}
4	=L5+$I$11	=L6+$I$11	=(M6+L6)/2	{=FREQUENCY(B2:F21,M3:M12)}
5	=L6+$I$11	=L7+$I$11	=(M7+L7)/2	{=FREQUENCY(B2:F21,M3:M12)}
6	=L7+$I$11	=L8+$I$11	=(M8+L8)/2	{=FREQUENCY(B2:F21,M3:M12)}
7	=L8+$I$11	=L9+$I$11	=(M9+L9)/2	{=FREQUENCY(B2:F21,M3:M12)}
8	=L9+$I$11	=L10+$I$11	=(M10+L10)/2	{=FREQUENCY(B2:F21,M3:M12)}
9	=L10+$I$11	=L11+$I$11	=(M11+L11)/2	{=FREQUENCY(B2:F21,M3:M12)}
10	=L11+$I$11	=L12+$I$11	=(M12+L12)/2	{=FREQUENCY(B2:F21,M3:M12)}

5　ヒストグラムを作図する

中心値と度数のセル(N3:O12)をドラッグし，グラフウィザードを選択してグラフを書く．

① グラフの種類を決める

[グラフウィザード 1/4 - グラフの種類] を起動させ，[標準]-[グラフの種類(C)]-[縦棒]-[形式(T)]-[集合縦棒]-[次へ] をクリックする．

② データを入力する

度数の棒グラフのみにするために，[グラフウィザード 2/4 - グラフの元データ]-[系列]-[系列(S)]-[系列1]-[削除(R)] で中心値の棒グラフを削除する．次に [項目軸ラベルに使用(T)] の右側のボタンをクリックし，ラベルになる中心値のデータのセル(N3:N12)をドラッグしたうえで，[元のデータ-項目軸ラベルに使用] の右側にあるボタンをクリックする．[元のデータ] で [次へ]

3.12 ヒストグラム

をクリックする．

❸ グラフオプションに入力する

[グラフウィザード3/4-グラフオプション]で[凡例]-[凡例を表示する(S)]を非表示に，さらに[目盛線]-[Y/数値軸]-[目盛線(O)]をクリックして非表示にして[次へ]をクリックする．

❹ グラフの作成場所を選択する

[グラフウィザード4/4-グラフの作成場所]でグラフをワークシート上に作成するときは[オブジェクト(O)]，グラフのみ表示するときは[新しいシート(S)]を選択して[完了(F)]をクリックする．

❺ グラフを修正する

グラフ中の任意の棒を右クリックして，[データ系列の書式設定(O)]-[オプション]-[棒の間隔(W)]を「0」に設定し，[OK]をクリックする．

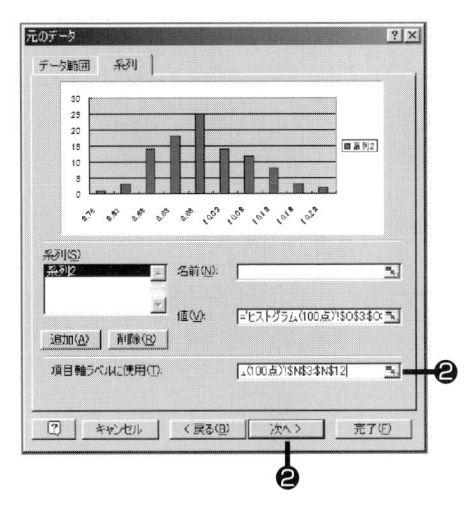

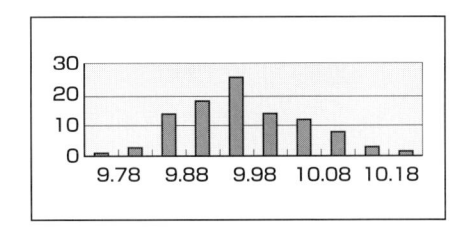

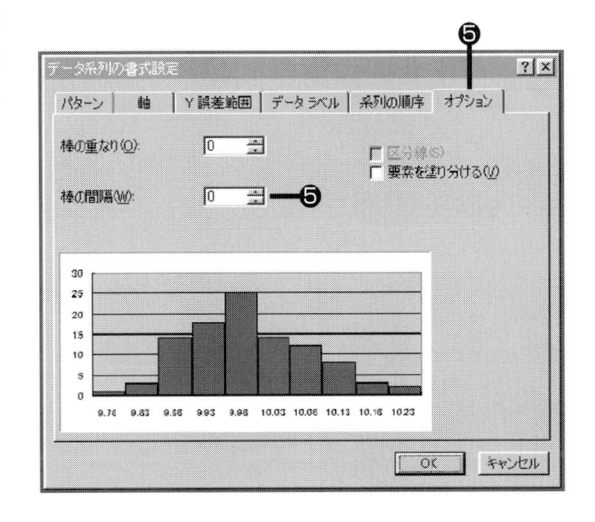

第3章 QC七つ道具の書き方 113

3.12 ヒストグラム

工程能力指数

　工程能力とは工程の持っている質的な能力を表し，一般にその工程を通じて得られる製品の特性の分布と規格値の対比で求められる指数で表される．この指数を工程能力指数 PCI（C_p, C_{pk}：Process Capability Index）と読んでいる．

工程能力指数の計算

　工程能力指数は，工程のばらつきを表す標準偏差と規格値の比率で表し，両側規格と片側規格と区分して求め，一般的には C_p，平均値が規格の中央になく，自由に調節できない場合には，かたよりを評価して C_{pk} で表す．

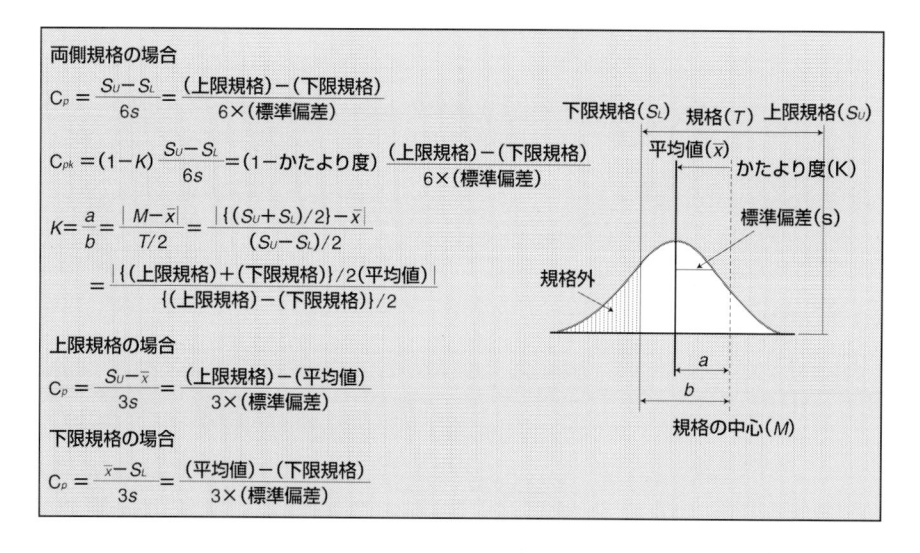

両側規格の場合

$$C_p = \frac{S_U - S_L}{6s} = \frac{（上限規格）-（下限規格）}{6 \times （標準偏差）}$$

$$C_{pk} = (1-K)\frac{S_U - S_L}{6s} = (1-かたより度)\frac{（上限規格）-（下限規格）}{6 \times （標準偏差）}$$

$$K = \frac{a}{b} = \frac{|M - \bar{x}|}{T/2} = \frac{|\{(S_U + S_L)/2\} - \bar{x}|}{(S_U - S_L)/2}$$

$$= \frac{|\{（上限規格）+（下限規格）\}/2 -（平均値）|}{\{（上限規格）-（下限規格）\}/2}$$

上限規格の場合

$$C_p = \frac{S_U - \bar{x}}{3s} = \frac{（上限規格）-（平均値）}{3 \times （標準偏差）}$$

下限規格の場合

$$C_p = \frac{\bar{x} - S_L}{3s} = \frac{（平均値）-（下限規格）}{3 \times （標準偏差）}$$

1　データを収集して表を作る

❶ データを収集する

　対象のデータ（この例では100点）を収集し，セル（B2:F21）へ打ち込む．データの数は分布を正確に見るために，最低でも 30 以上あることが望ましい．

3.12 ヒストグラム

❷ 罫線を引き，表を作る

罫線はツールバーの [罫線] を使うと便利である．

2 工程能力指数を計算する

計算に必要な項目は次の通りである．

- 上限規格限界：セル(L3)に規格値を入力する．
- 下限規格限界：セル(L4)に規格値を入力する．
- 規格の平均値：セル(L5)に式 [=(L3＋L4)/2] を入力する．
- 平均値：セル(L9)に式 [=AVERAGE(B2:F21)] を入力する．
- 標準偏差：セル(L10)に式 [=STDEVA(B2:F21)] を入力する．
- かたより：セル(L13)に [=ABS(L5−L9)/((L3−L4)/2)] を入力する．
- 両側規格の工程能力指数(C_p)：セル(L15)に式 [=(L3−L4)/(6＊L10)] を入力する．
- かたよりを配慮した工程能力指数(C_{pk})：セル(L16)に式 [=(1−L13)＊L15] を入力する．ただし，$K≧1$ のときは「0」にする．
- 上限規格の工程能力指数：セル(L20)に式 [=(L3−L9)/(3＊L10)] を入力する．
- 下限規格の工程能力指数：セル(L23)に式 [=(L9−L4)/(3＊L10)] を入力する．

3　工程能力指数を評価する

　工程能力指数の値から，工程能力は十分か不十分かを判断する．通常は $C_p \geqq 1.33$ をめざす．このときの不適合率は 0.006% 以下になる．

	C_p	処　置	図　示
①	$C_p \geqq 1.67$ 工程能力は非常にある	製品の標準偏差が若干大きくなっても，不良品は発生しない．	規格 3s　3s 5s　　　5s
②	$1.67 > C_p \geqq 1.33$ 工程能力は十分である	規格に対して適正な状態なので維持する．	規格 3s　3s 4s　　4s
③	$1.33 > C_p \geqq 1.00$ 工程能力は十分とはいえないが，まずまずである	注意を要する． 不適合品の発生のおそれがあるので，必要に応じて工程能力を上げる処置をとる．	規格 3s　3s
④	$1.00 > C_p$ 工程能力は不足している	この状態では不適合品が発生する． 作業方法の改善，規格の再検討，機械設備の改善・整備などにより，工程能力を向上させる必要がある．	規格 3s　3s

層別ヒストグラムの書き方

　ヒストグラムでデータの分布を分析するときは，データに関わる要因（人別，機械別など4Mを考慮する）別に層別して分析する必要がある．ここでは，そのときに用いる層別ヒストグラムの作成手順を説明する．

3.12 ヒストグラム

1 データを収集して表を作る

① データを収集する

対象のデータを収集する．データと共に層別ができるように，層別要因も記録する．

② データをセルに打ち込む

収集したデータをセル(B2:K21)へ打ち込む．ここではデータの数は100個($n=100$)であるが，分布を正確に見るために，データの数はそれぞれの層別ヒストグラムで最低でも30以上欲しい．

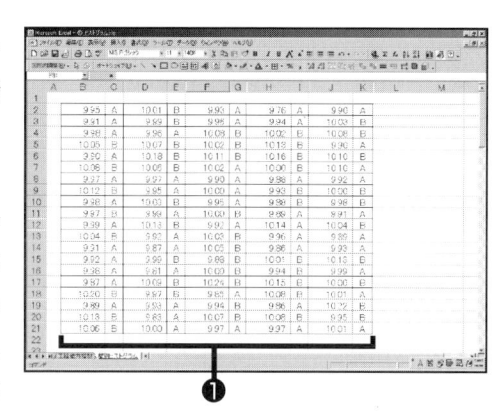

③ 罫線を引き，表を作る

罫線はツールバーの[罫線]を使うと便利である．

2 データを層別する

① データを並べ替える

データを層別要因と共にセル(B3:C102)に一列に並べ変える．

② データを層別する

データと層別要因をドラッグして[データ(D)]-[並べ替え(S)]-[最優先されるキー]のスクロールボタンで[列C]を選択し，[昇順(A)]-[OK]をクリックしてデータを層別する．

③ 層別したデータを並べる

層別の結果で層別記号Bに含まれたデータ(B53:B102)を切り取り，セル(D3:E52)に貼り付ける．先頭にA，Bのラベルを付ける．層別記号は列記号[C]をクリックして全体をドラッグし，[編集(E)]-[削除(D)]をクリックして削除する．列Eも同様に削除する．

3.12 ヒストグラム

3　ヒストグラムに必要な数値を計算する

層別ヒストグラムを書くのに必要な数値を通常のヒストグラムと同様，セル(E2:F11)に一覧表にしてまとめる．

名　称	数　値
測定単位	0.01
データ数	=COUNT(B3:C52)
最大値	=MAX(B3:C52)
最小値	=MIN(B3:C52)
範囲	=F5−F6
n の平方根	=SQRT(F4)
区間の数(k)	=ROUND(F8,0)
仮の区間の幅	=F7/F9
区間の幅	=ROUND(F10,2)

4　区間の境界値と中心値を計算する

それぞれの区間の境界値(柱の境界値)の下側，上側境界値を算出して表にまとめる．

❶ 区間の境界値，中心値を計算する

・第1区間の下側境界値(最小値−測定単位/2)をセル(I3)に式 [=F6−F3/2] で入力する．
・第1区間の上側境界値(下側境界値＋区間の幅)をセル(J3)に式 [=I3＋＄F＄11] で入力する．
・第1区間の中心値((上側境界値＋下側境界値)/2)をセル(K3)に式 [=(J3＋I3)/2] で入力する．
・第2区間の下側境界値はセル(I4)に第1区間の上側値である式 [=I3＋＄F＄11] を入力する．他の区間は下側境界値，上側境界値，中心値共に複写する．

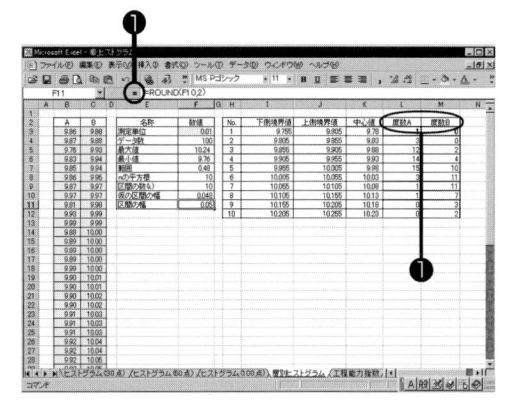

3.12 ヒストグラム

② 区間のデータ出現度数を抽出する

度数の抽出は，度数分布をカウントする関数[=FREQUENCY（データのセルの範囲，上側境界値の範囲）]を使ってNo.1の当該セル（L3）に式[=FREQUENCY(B3:B52, J3:J12)]を入力する．そして，セル（L3:L12）にドラッグした後，数式バーの[=FREQUENCY]の前の空白をクリックし，「Ctrl」と「Shift」キーを同時に押したまま「Enter」キーを押して複写する（配列複写）と，各区間のデータの出現度数がカウントされる．

No.	下側境界値	上側境界値	中心値	度数A	度数B
1	=F6-F3/2	=I3+$F$11	=(J3+I3)/2	{=FREQUENCY(B3:B52,J3:J12)}	{=FREQUENCY(C3:C52,J3:J12)}
2	=I3+$F$11	=I4+$F$11	=(J4+I4)/2	{=FREQUENCY(B3:B52,J3:J12)}	{=FREQUENCY(C3:C52,J3:J12)}
3	=I4+$F$11	=I5+$F$11	=(J5+I5)/2	{=FREQUENCY(B3:B52,J3:J12)}	{=FREQUENCY(C3:C52,J3:J12)}
4	=I5+$F$11	=I6+$F$11	=(J6+I6)/2	{=FREQUENCY(B3:B52,J3:J12)}	{=FREQUENCY(C3:C52,J3:J12)}
5	=I6+$F$11	=I7+$F$11	=(J7+I7)/2	{=FREQUENCY(B3:B52,J3:J12)}	{=FREQUENCY(C3:C52,J3:J12)}
6	=I7+$F$11	=I8+$F$11	=(J8+I8)/2	{=FREQUENCY(B3:B52,J3:J12)}	{=FREQUENCY(C3:C52,J3:J12)}
7	=I8+$F$11	=I9+$F$11	=(J9+I9)/2	{=FREQUENCY(B3:B52,J3:J12)}	{=FREQUENCY(C3:C52,J3:J12)}
8	=I9+$F$11	=I10+$F$11	=(J10+I10)/2	{=FREQUENCY(B3:B52,J3:J12)}	{=FREQUENCY(C3:C52,J3:J12)}
9	=I10+$F$11	=I11+$F$11	=(J11+I11)/2	{=FREQUENCY(B3:B52,J3:J12)}	{=FREQUENCY(C3:C52,J3:J12)}
10	=I11+$F$11	=I12+$F$11	=(J12+I12)/2	{=FREQUENCY(B3:B52,J3:J12)}	{=FREQUENCY(C3:C52,J3:J12)}

5　層別ヒストグラムを作成する

① 層別ヒストグラムを作成する

層別ヒストグラムは，度数A及び度数Bの別々のヒストグラムを作成する．それぞれのヒストグラムの作図をする．

② 2つのヒストグラムを一緒に書く

度数Bの層別ヒストグラムの元データを入力するとき，[系列2]を削除せずにヒストグラムを書くと，2つのヒストグラムが一緒に描ける．

3.12 ヒストグラム

度数A

度数B

層別ヒストグラムを上下に配置

二つのヒストグラムを一緒にグラフ化

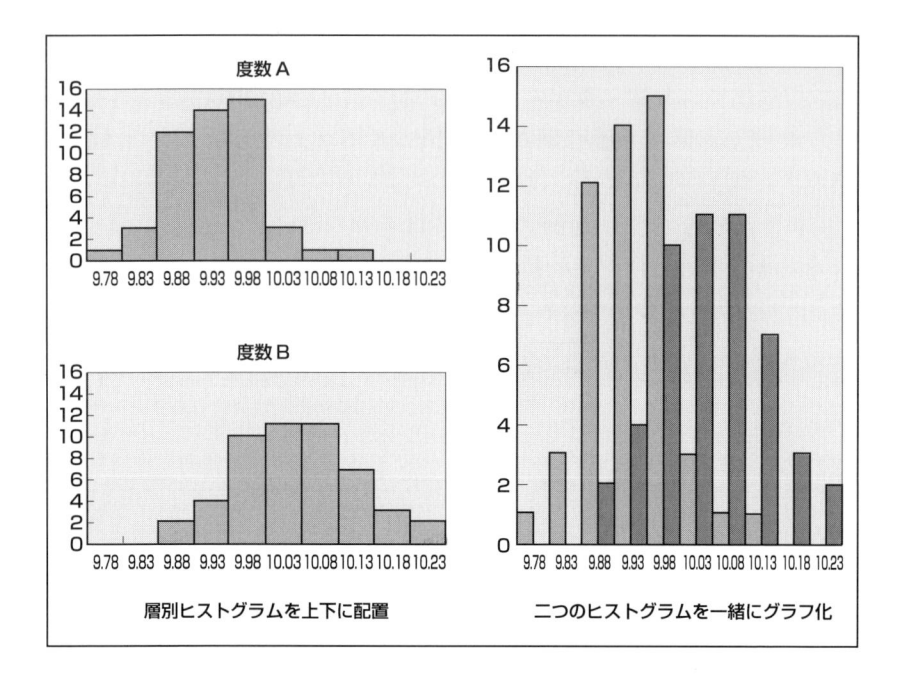

3.13 管理図の種類と見方・使い方

　管理図とは，プロセスに異常が発生していないかどうかを，特性値の変動から判断する手法で，日本の管理図は，シューハート（W. S. Shewhart）の経験的考え方による3シグマ法を採用している．

用語の説明

① **管理特性値**
　管理している対象が正常な状態かどうか，異常な状態がどこにあるかを判定するために選んだ特性を数字で表したものである．管理図を用いる場合は，まずこの管理特性を決めなければならない．

② **群**
　管理特性を管理するときは，1日ごとにデータをとって正常・異常の管理をするのか，半日にするのか，同じ製品でも使う材料によって分けるかなどが問題になる．このデータをとる範囲（単位）を群という．一般には生産の順序によって区切った小さな群が良いといわれている．

③ **管理線**
　管理状態にあるかどうかを判定するために管理図上に引かれた線をいう．管理線には中心線（CL）と，上部管理限界線（UCL）と，下部管理限界線（LCL）がある．これらの管理限界は中心線より3σの位置に引かれる．

④ **変　動**
　管理に用いる特性値に異常がなくても，データはそのつど変動している．この変動は避けることができない事から，**偶然原因による変動**という．また，プロセスに異常があればデータは大きく変動し，これを**異常原因による変動**という．3σ内の変動を偶然原因の変動，それ以外を異常原因による変動として管理対象にする．

⑤ **第1種の誤り**
　偶然原因による変動にも異常が0.3%の確率（$\alpha=0.003$）で含まれる．これを

第3章　QC七つ道具の書き方　*121*

3.13 管理図の種類と見方・使い方

見逃すことを第1種の誤りという．

⑥ 第2種の誤り

異常原因による誤りを発見できないことを第2種の誤りという．

管理図の種類

管理図は管理するプロセスから得られるデータの特性(計量値や計数値)によって使う種類が異なる．

データの種類と例		管理図の種類		管理線を与える式	
				中心線	管理限界
計量値	◆正規分布 長さ，重さ，硬さ，純度，歩留り，使用量，時間，温度	$\bar{X}-R$ 管理図	平均と範囲の管理図	$\bar{X} : \bar{\bar{X}}$ $R : \bar{R}$	$\bar{\bar{X}} \pm A_2 \bar{R}$ $UCL : D_4 \bar{R}$ $LCL : D_3 \bar{R}$
		$\bar{X}-s$ 管理図	平均と標準偏差の管理図	$\bar{X} : \bar{\bar{X}}$ $s : \bar{s}$	$\bar{\bar{X}} \pm A_3 \bar{s}$ $UCL : B_4 \bar{s}$ $LCL : B_3 \bar{s}$
		Me 管理図	メディアン管理図（Rを併用）	$\overline{Me}$	$\overline{Me} \pm A_4 \bar{R}$
		X 管理図	個々の値の管理図(移動範囲R併用)	$\bar{X}$	$\bar{X} \pm 2.659 \bar{R}$
計数値	◆二項分布 不適合品数，欠席者数 不適合品率，出勤率	np 管理図	不適合品数の管理図	$n\bar{p}$	$n\bar{p} \pm 3\sqrt{n\bar{p}(1-\bar{p})}$
		p 管理図	不適合品率の管理図	$\bar{p}$	$\bar{p} \pm 3\sqrt{\bar{p}(1-\bar{p})/n}$
	◆ポアソン分布 不適合の数(一定の大きさ) 工場の事故件数 不適合数(大きさの異なる単位面積)	c 管理図	不適合数の管理図	$\bar{c}$	$\bar{c} \pm 3\sqrt{\bar{c}}$
		u 管理図	単位あたりの不適合数の管理図	$\bar{u}$	$\bar{u} \pm 3\sqrt{\bar{u}/n}$

管理図の判定

管理図は，管理限界外(管理限界線上の点は管理限界外と見なす)の打点がなく，点の並びに癖がないときに，プロセスは管理状態(または安定状態)にあると判定する．上下の管理限界線は，中心線よりそれぞれ3σの距離にあり，中心線より1σごと

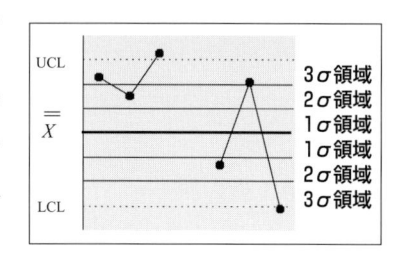

3.13 管理図の種類と見方・使い方

に分割した領域(1σ の領域,2σ の領域,3σ の領域)のプロット点の状況で判定する.

プロット点の並び方とくせの読み方

次の表に示されているプロット点の並びが発生したときは,プロセスは異常と判断する.

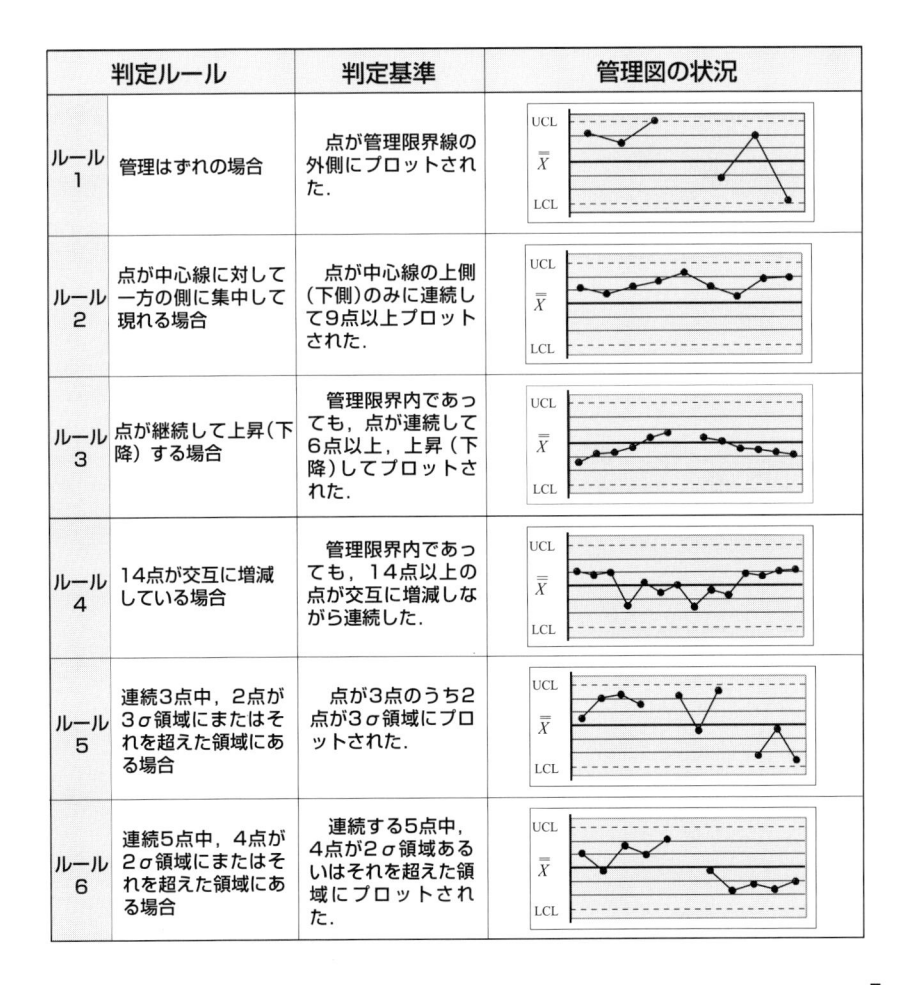

判定ルール		判定基準	管理図の状況
ルール1	管理はずれの場合	点が管理限界線の外側にプロットされた.	
ルール2	点が中心線に対して一方の側に集中して現れる場合	点が中心線の上側(下側)のみに連続して9点以上プロットされた.	
ルール3	点が継続して上昇(下降)する場合	管理限界内であっても,点が連続して6点以上,上昇(下降)してプロットされた.	
ルール4	14点が交互に増減している場合	管理限界内であっても,14点以上の点が交互に増減しながら連続した.	
ルール5	連続3点中,2点が 3σ 領域にまたはそれを超えた領域にある場合	点が3点のうち2点が 3σ 領域にプロットされた.	
ルール6	連続5点中,4点が 2σ 領域にまたはそれを超えた領域にある場合	連続する5点中,4点が 2σ 領域あるいはそれを超えた領域にプロットされた.	

第3章 QC七つ道具の書き方

3.13 管理図の種類と見方・使い方

	判定ルール	判定基準	管理図の状況
ルール7	連続する15点が1σ領域に存在する場合	点が連続して1σの領域に15点プロットされた.	
ルール8	連続する8点が1σ領域を超えた領域にある場合	点が連続して1σ領域を超えた領域に8点プロットされた.	

管理状態の判定

　工程が管理状態にあるときは，管理図上において次の2点で判定する．
　・管理はずれがないこと．
　・点の並びに顕著な「癖」がないこと．
　実際には，ある期間の工程のデータを採取して管理図を書いた場合，第1種の誤りを考慮に入れて，プロット点に連，傾向，周期などの癖がなく，下記のいずれかの条件を満たしていれば一応管理状態とみなし，その管理線を工程の状態として工程管理に用いることができる．
　・連続25点以上，管理限界内にある．
　・連続35点中，限界外のプロット点が1点まで．
　・連続100点中，限界外のプロット点が2点以内．
　しかしこの場合でも，限界外のプロット点については工程の変動要因として，異常を起こす原因を調査する必要がある．
　・原材料の品質について，平均やばらつきに変化はないか．
　・設備や機械に故障などの異常はないか．
　・作業者の作業ミスはないか．
　・作業の環境条件に周期的な変化はないか．
　・測定方法や測定の読みや計算法にミスはないか．

3.14　$\bar{X}$-R 管理図
(CD-ROM：[e-Tools]-[Q7]-[Xbar-R管理図]参照)

$\bar{X}$-R 管理図は，工程から複数個のデータをとって，その平均値とばらつきで2つの管理図を書き，そのプロット点の状態でプロセスの状況の判断や処置を行う管理図で，管理図の中でも最もポピュラーに使われている管理図である．

1　データを収集して表を作る

❶ データをセルに打ち込む

対象となるプロセスから1つのロット(同じ日に，同じ材料など)で，この例では4個(群の大きさ：$n=4$)のデータを収集し，セル(B3:F28)へ打ち込む(精度を保つためには，管理図のプロット点が25個以上にあることが望ましい)．

❷ 罫線を引き，表を作る

罫線は，ツールバーの[罫線]を使うと便利である．

	A	B	C	D	E	F
1						
2					群の大きさ	
3		群番号	X1	X2	X3	X4
4		1	130.3	130.2	131.0	130.8
5		2	128.1	129.5	129.5	131.0
6		3	128.3	129.3	128.7	127.7
7		4	129.5	130.3	130.5	130.8
8		5	133.6	130.7	129.4	131.2
9		6	127.6	128.7	130.3	128.6
10		7	129.3	129.0	129.7	129.9
11		8	129.7	129.2	128.1	129.1
12		9	129.0	129.5	130.4	129.2
13		10	128.6	130.5	127.4	127.9
14		11	130.3	131.2	130.5	129.9
15		12	129.5	127.9	130.5	129.3
16		13	130.2	130.7	131.1	130.7
17		14	131.0	132.2	130.5	131.2
18		15	130.2	131.5	130.4	128.5
19		16	128.7	129.4	129.7	129.4
20		17	131.5	134.9	132.4	131.3
21		18	129.1	131.2	133.4	130.7
22		19	129.6	128.4	129.8	131.1
23		20	129.1	132.5	130.5	129.7
24		21	129.6	129.0	128.8	128.5
25		22	131.4	129.9	131.2	131.6
26		23	132.4	132.5	131.8	132.8
27		24	130.1	130	128.7	132.3
28		25	130.5	127.8	129.7	129.3

2　群ごとに平均値と範囲を計算する

❶ 群ごとに平均値を求める

群ごとに平均値($\bar{X}$)と，群のデータの最大値と最小値の差を表す範囲(R)を求める．計算は関数を用いて行う．セル(G4)に式[=AVERAGE(C4:F4)]と入力する．他のセル(G5:G28)は，このセルの内容をコピーする．

3.14 $\bar{X}$-R 管理図

② 範囲を決める

範囲は，同様にセル(H4)に式 [=MAX(C4:F4)－MIN(C4:F4)] を入力し，他のセル(H5: H28)は，この内容をコピーする．

群番号	X_1	X_2	X_3	X_4	群の大きさ 4 $\bar{X}$	R
1	130.3	130.2	131.0	130.8	=AVERAGE(C4:F4)	=MAX(C4:F4)－MIN(C4:F4)
2	128.1	129.5	129.5	131.0	=AVERAGE(C5:F5)	=MAX(C5:F5)－MIN(C5:F5)
3	128.3	129.3	128.7	127.7	=AVERAGE(C6:F6)	=MAX(C6:F6)－MIN(C6:F6)
4	129.5	130.3	130.5	130.8	=AVERAGE(C7:F7)	=MAX(C7:F7)－MIN(C7:F7)
5	133.6	130.7	129.4	131.2	=AVERAGE(C8:F8)	=MAX(C8:F8)－MIN(C8:F8)
6	127.6	128.7	130.3	128.6	=AVERAGE(C9:F9)	=MAX(C9:F9)－MIN(C9:F9)
7	129.3	129.0	129.7	129.9	=AVERAGE(C10:F10)	=MAX(C10:F10)－MIN(C10:F10)
8	129.7	129.2	128.1	129.1	=AVERAGE(C11:F11)	=MAX(C11:F11)－MIN(C11:F11)

3 中心線を計算する

① 中心線になる総平均を計算する

各群の平均値の総平均($\bar{\bar{X}}$)を求める．セル(S3)に式 [=AVERAGE(G4:G28)] と入力する．この値が $\bar{X}$ 管理図の中心線(CL)になる．

② 各群の範囲の総平均を計算する

各群の範囲の総平均($\bar{R}$)をセル(S7)に式 [=AVERAGE(H4:H28)] と入力す

3.14 $\bar{X}$-R 管理図

る．この値が R 管理図の中心線(CL)になる．

③ 総平均値の計算桁数

各計算値ともに測定値のより2桁下まで求めておく．

4 管理限界線を計算する

① 管理限界線を計算する計算式

各管理図の管理限界線は，総平均値($\bar{X}$)と範囲の平均値($\bar{R}$)をもとに，管理図係数(セル：P15:S25 参照)を用いて，下記の計算式で算出する．

① $\bar{X}$ 管理図：

　　上部管理限界(UCL) $= \bar{X} + A_2 \bar{R}$

　　下部管理限界(LCL) $= \bar{X} - A_2 \bar{R}$

　　計算値は測定値より2桁下まで求める．

② R 管理図：

　　上部管理限界(UCL) $= D_4 \bar{R}$

　　下部管理限界(LCL) $= D_3 \bar{R}$

　　計算値は測定値の1桁下まで求める．

$\bar{X}$ 管理図	測定値の総平均(CL)	=AVERAGE(G4:G28)
	上部管理限界(UCL)	=S3+Q11*S7
	下部管理限界(LCL)	=S3−Q11*S7
R 管理図	範囲の総平均($\bar{R}$)	=AVERAGE(H4:H28)
	上部管理限界(UCL)	=Q12*S7
	下部管理限界(LCL)	=IF(G2>6,Q13*S7," ")

A_2	=VLOOKUP(G2,P17:Q25,2,FALSE)
D_4	=VLOOKUP(G2,P17:R25,3,FALSE)
D_3	=IF(G2>6,+VLOOKUP(G2,P17:S25,4,FALSE)," ")

② 群の大きさ・管理図を抽出する

群の大きさ($n=4$)に応じた管理図係数(A_2, D_4, D_3)を抽出して，一覧表としてセル(P11:Q13)に関数を使い算出してまとめる．それぞれのセルの内容は下記による．

3.14 $\bar{X}$-R 管理図

① A_2：セル(Q11)に式[=VLOOKUP(G2,P17:Q25,2,FALSE)]と入力する．
② D_4：セル(Q12)に式[=VLOOKUP(G2,P17:R25,3,FALSE)]と入力する．
③ D_3：セル(Q13)に式[=IF(G2>6,+VLOOKUP(G2,P17:S25,4,FALSE),"")]と入力する．管理図係数表には $n=6$ 以下の D_3 は係数が「0.000」なので，空欄になるように指定する．

(3) 管理限界線を計算する

$\bar{X}$ 管理図と R 管理図の各管理限界線を下記のように計算する．

① $\bar{X}$ 管理図：
　　上部管理限界(UCL)はセル(S4)に式 [=S3＋Q11＊S7] と入力する．
　　下部管理限界(LCL)はセル(S5)に式 [=S3－Q11＊S7] と入力する．

② R 管理図：
　　上部管理限界(UCL)はセル(S8)に式 [=Q12＊S7] と入力する．
　　下部管理限界(LCL)はセル(S9)に式 [=IF(G2>6,Q13＊S7,"")]と入力する．ここでは，$n=4$ なので空欄になる．

5 中心線と管理限界線のグラフ化の準備をする

各管理図の中心線と管理限界線は直線で表示する．各群番号に同じ値を入力し，グラフ化の準備を行う．

① $\bar{X}$ 管理図：中心線(CL)はセル(I4)に式[=S3]，セル(I5)に式[=I4]と入力する．上部管理限界(UCL)はセル(J4)に式[=S4]，セル(J5)に式[=J4]と入力する．下部管理限界(LCL)はセル(K4)に式[=S5]，セル(K5)に式[=K4]と入力する．

② R 管理図：中心線(CL)はセル(L4)に式[=S7]，セル(L5)に式[=L4]と入力する．上部管理限界(UCL)はセル(M4)に式[=S8]，セル(M5)に式[=M4]と入力する．下部管理限界(LCL)はセル(N4)に式[=S9]，セル(N5)に式[=N4]と入力する．
　　その他のセル(I6:N28)は上記のセル(I5:N5)をコピーする．

3.14 $\bar{X}$-R管理図

6 $\bar{X}$管理図を作成する

① セルを指定する

グラフ化するセル(G3:K28)を指定する.

② グラフを選ぶ

[グラフウィザード 1/4 - グラフの種類]を起動させ, [標準]-[グラフの種類(C)]-[折れ線]-[形式(T)]-[マーカーの付いた折れ線]-[次へ]をクリックする.

③ データを入力する

[グラフウィザード 2/4 - グラフの元データ]-[系列]-[系列(S)]で[R]を削除し, [項目軸ラベルに使用(T)]の右側のボタンをクリックし, ラベルになる群番号1〜25のセル(B4:B28)をドラッグし選択したうえで[次へ]をクリックする.

④ グラフオプションを入力する

[グラフウィザード 3/4 - グラフオプション]で[目盛線]-[Y/数値軸]-[目盛線]の指定を外す. また, [凡例]-[凡例を表示する(S)]の指定を外し[次へ]をクリックする.

⑤ グラフの作成場所を選択する

[グラフウィザード 4/4 - グラフの作成場所]:グラフをワークシート上に作成するときは[オブジェクト(O)], グラフのみ表示したいときは[新しいシート(S)]を選択して[完了(F)]を指定する.

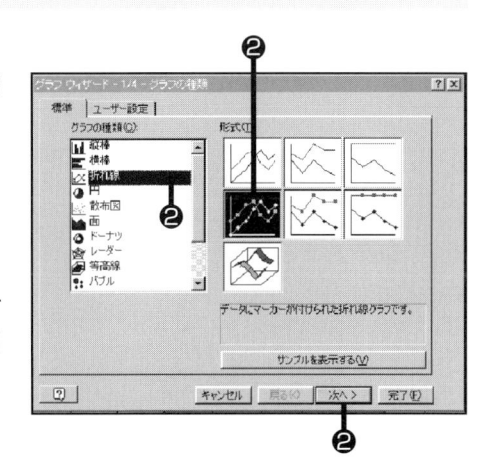

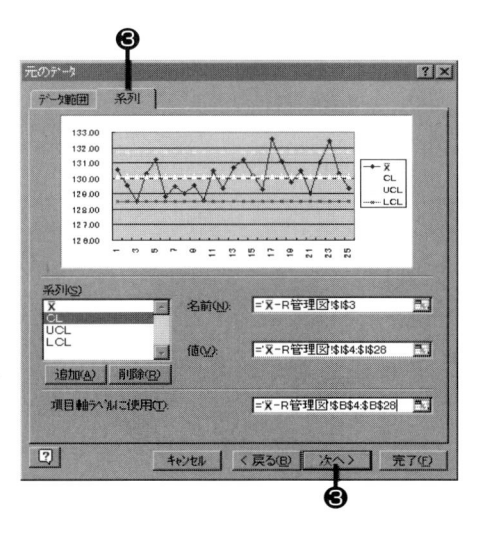

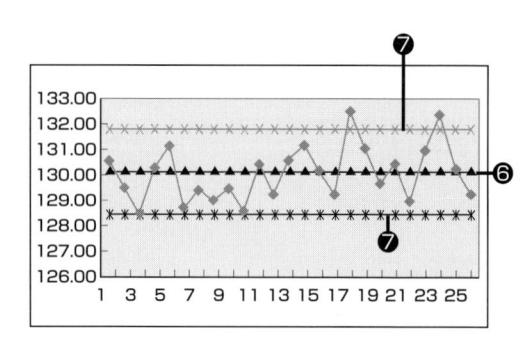

3.14 $\bar{X}$-R 管理図

⑥ 中心線を修正する

グラフのCL線上で右クリックして，[データ系列の書式設定(O)]-[パターン]-[線]-[指定]-[スタイル(S)]で実線，[色(C)]で黒，[太さ(W)]で中太，[マーカー]-[なし(O)]を選択し，[OK]をクリックしてCL線を修正する．

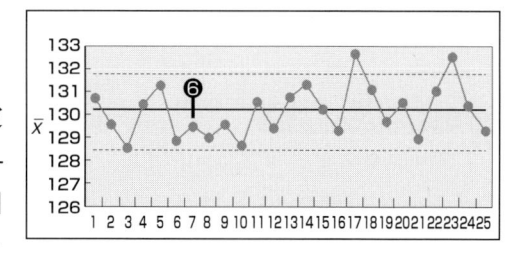

⑦ 管理限界線を修正する

LCL，ULCの上で同様にクリックし，[データ系列の書式設定(O)]-[パターン]-[線]-[指定]-[スタイル(S)]で破線，[色(C)]で黒，[太さ(W)]で極細，[マーカー]-[なし(O)]を選択し，[OK]をクリックして限界線を修正する．

⑧ プロット点を修正する

$\bar{X}$管理図のプロット点($\bar{X}$の値)は，通常●で記入する．プロット点の上で右クリックし，[データ系列の書式設定(O)]-[パターン]-[線]-[指定]-[スタイル(S)]で実線，[色(C)]で黒，[太さ(W)]で極細，[マーカー]-[指定]-[スタイル(L)]で丸，[前景(F)]で黒，[背景(B)]で黒，[サイズ(Z)]で3ポイント(実際は描く管理図の大きさにより任意ポイントを選ぶ)を選択し，[OK]をクリックしてプロット点を修正する．

7　R 管理図を作成する

① グラフ化するセルを指定する

グラフ化するセル(H3:M28)をドラッグして指定する．

② グラフの種類を決める

[グラフウィザード1/4-グラフの種類]を起動させ，[標準]-[グラフの種

3.14 $\bar{X}$-R 管理図

類(C)]-[折れ線]-[形式(T)]-[マーカーの付いた折れ線]-[次へ]をクリックする.

③ データを入力する

　[グラフウィザード 2/4 - グラフの元データ]-[系列]-[系列(S)]で$\bar{X}$管理図の[CL], [UCL], [LCL]を削除する.[項目軸ラベルに使用(T)]のスクロールボタンをクリックし,群番号1〜25のセル(B4:B28)をドラッグし選択したうえで,[次へ]をクリックする.

④ グラフオプションを選択する

　[グラフウィザード 3/4 - グラフオプション]で[目盛線]-[Y/数値軸]-[目盛線(O)]の指定を外す.また,[凡例]-[凡例を表示する(S)]の指定を外して[次へ]をクリックする.

⑤ グラフの作成場所を選択する

　[グラフウィザード 4/4 - グラフの作成場所]:グラフをワークシート上に作成するときは[オブジェクト(O)],グラフのみ表示したいときは[新しいシート(S)]を選択して[完了]をクリックする.

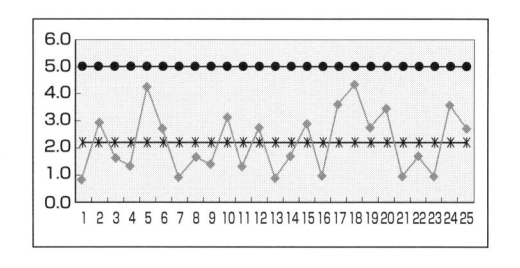

⑥ 中心線を修正する

　グラフのCL線上で右クリックして,[データ系列の書式設定(O)]-[パターン]-[線]-[指定]-[スタイル(S)]で実線,[色(C)]で黒,[太さ(W)]で中太を,[マーカー]-[なし(O)]を指定してCL線を修正する.

⑦ 管理限界線を修正する

　LCLの上で同様に右クリックし,[データ系列の書式設定(O)]-[パターン]-[線]-[指定]-[スタイル(S)]で破線,[色(C)]で黒,[太さ(W)]で極細,[マーカー]-[なし(O)]を選択し,[OK]をクリックして限界線を修正する.

⑧ プロット点を修正する

　R管理図のプロット点(Rの値)は,通常×で記入する.プロット点の上で同様に右クリックし,[データ系列の書式設定(O)]-[パターン]-[線]-[指定]-

第3章 QC七つ道具の書き方　　*131*

3.14 $\bar{X}$-R 管理図

[スタイル(S)]で実線,[色(C)]で黒,[太さ(W)]で極細,[マーカー]-[指定]-[スタイル(L)]で×,[前景(F)]で黒,[背景(B)]で黒,[サイズ(Z)]で3ポイント(実際は $\bar{X}$ 管理図のプロット点大きさにあわせる)を選択し,さらに[OK]をクリックする.

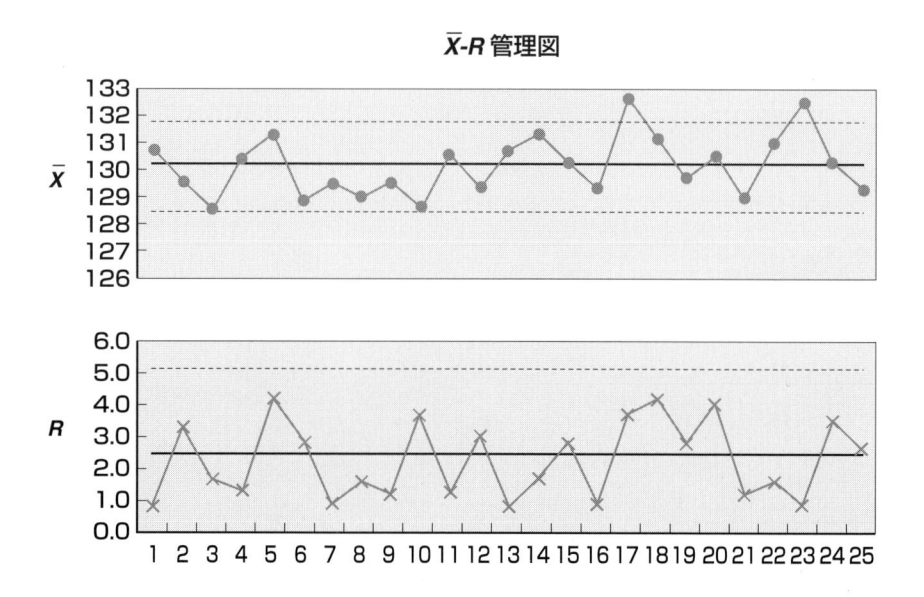

$\bar{X}$-R 管理図

3.15 $\bar{X}$-s 管理図
(CD-ROM：[e-Tools]-[Q7]-[Xbar-s管理図]参照)

$\bar{X}$-s 管理図は，工程から複数個のデータをとり，その平均値と標準偏差で 2 つの管理図を書き，そのプロット点の状態からプロセスの状況を判断したり，処置を行う管理図である．$\bar{X}$-R 管理図では，ばらつきを範囲でとらえたが，これを標準偏差にかえただけのものなので，範囲 R を標準偏差 s と変え，管理図係数を A_3，B_3，B_4 に変更する．書き方の詳細は，3.14 節を参照のこと．

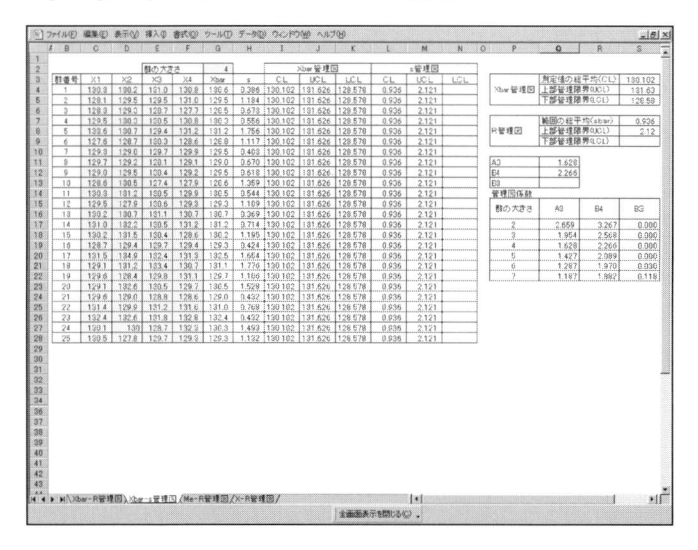

群ごとに平均値と標準偏差を計算する

1 群ごとに平均値を計算する

群ごとに平均値($\bar{X}$)と，群のデータから標準偏差(s)を求める．計算は関数を用いて行う．セル(G4)に式 [=AVERAGE(C4:F4)] と入力する．他のセル(G5:G28)は，このセルの内容をコピーする．

2 標準偏差を決める

標準偏差は，同様にセル(H4)に式[=STDEVA(C4:F4)]を入力し，他のセル

3.15 $\bar{X}$-s 管理図

(H5: H28)は，この内容をコピーする．

群番号	X_1	X_2	X_3	X_4	群の大きさ 4 $\bar{X}$	s
1	130.3	130.2	131.0	130.8	=AVERAGE(C4:F4)	=STDEVA(C4:F4)
2	128.1	129.5	129.5	131.0	=AVERAGE(C5:F5)	=STDEVA(C5:F5)
3	128.3	129.3	128.7	127.7	=AVERAGE(C6:F6)	=STDEVA(C6:F6)
4	129.5	130.3	130.5	130.8	=AVERAGE(C7:F7)	=STDEVA(C7:F7)
5	133.6	130.7	129.4	131.2	=AVERAGE(C8:F8)	=STDEVA(C8:F8)
6	127.6	128.7	130.3	128.6	=AVERAGE(C9:F9)	=STDEVA(C9:F9)
7	129.3	129.0	129.7	129.9	=AVERAGE(C10:F10)	=STDEVA(C10:F10)
8	129.7	129.2	128.1	129.1	=AVERAGE(C11:F11)	=STDEVA(C11:F11)

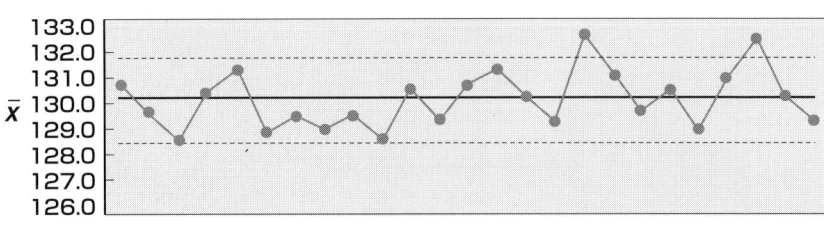

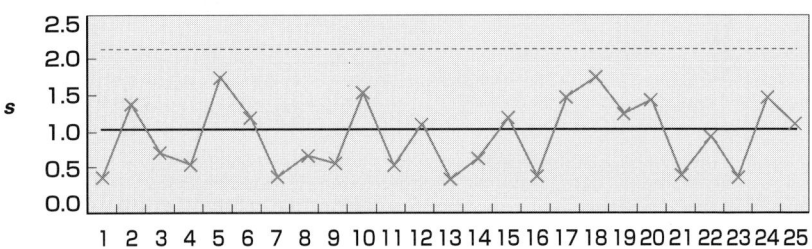

$\bar{X}$-s 管理図

3.16 Me-R 管理図
(CD-ROM：[e-Tools]-[Q7]-[Me-R管理図]参照)

Me-R 管理図は，$\bar{X}$-R 管理図や $\bar{X}$-s 管理図と使用目的は同じであるが，$\bar{X}$-R 管理図はプロット点を打つごとに平均値の計算が必要になり，手間がかかる（ここでは Excel で自動計算をするのであまり問題ではないが）．一方 Me-R 管理図は，n を奇数にすれば中央値を計算する必要はない．しかし，第 2 種の誤りが大きくなり，$\bar{X}$-R 管理図より異常を見逃す確率が高くなる．

書き方については，$\bar{X}$-R 管理図の平均値を中央値に変え，管理図係数を A_4 に変更して，詳細は 3.14 節を参照する．

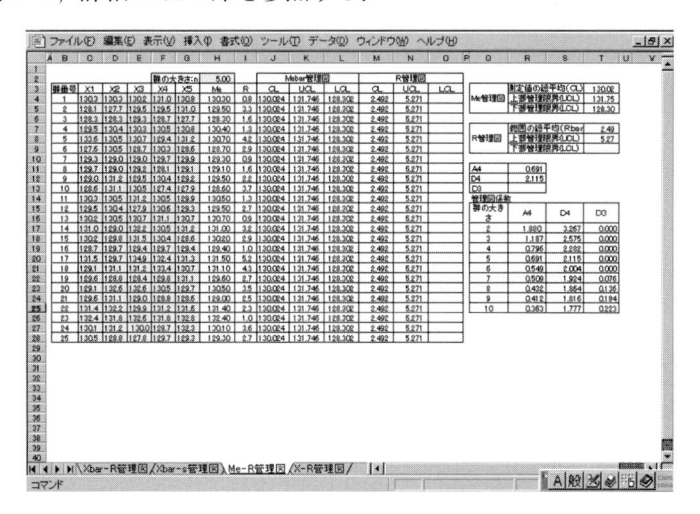

群ごとに中央値と範囲を計算する

1 群ごとに中央値を計算する

群ごとに中央値(Me)と，群のデータの最大値と最小値の差を表す範囲(R)を求める．計算は関数を用いて行い，セル(H4)に式 [=MEDIAN(C4:G4)] と入力する．他のセル(H5:H28)は，このセル(H4)の内容をコピーする．

2 範囲を決める

範囲は，同様にセル(I4)に式 [=MAX(C4:G4)−MIN(C4:G4)] と入力し，他

3.16 Me-R 管理図

のセル (I5:I28) は，セル (I4) の内容をコピーする．

群番号	X_1	X_2	X_3	X_4	X_5	群の大きさ(n)= 5 Me	R
1	130.3	130.3	130.2	131.0	130.8	=MEDIAN(C4:G4)	=MAX(C4:G4)−MIN(C4:G4)
2	128.1	127.7	129.5	129.5	131.0	=MEDIAN(C5:G5)	=MAX(C5:G5)−MIN(C5:G5)
3	128.3	128.3	129.3	128.7	127.7	=MEDIAN(C6:G6)	=MAX(C6:G6)−MIN(C6:G6)
4	129.5	130.4	130.3	130.5	130.8	=MEDIAN(C7:G7)	=MAX(C7:G7)−MIN(C7:G7)
5	133.6	130.5	130.7	129.4	131.2	=MEDIAN(C8:G8)	=MAX(C8:G8)−MIN(C8:G8)
6	127.6	130.5	128.7	130.3	128.6	=MEDIAN(C9:G9)	=MAX(C9:G9)−MIN(C9:G9)
7	129.3	129.0	129.0	129.7	129.9	=MEDIAN(C10:G10)	=MAX(C10:G10)−MIN(C10:G10)
8	129.7	129.0	129.2	128.1	129.1	=MEDIAN(C11:G11)	=MAX(C11:G11)−MIN(C11:G11)

Me-R 管理図

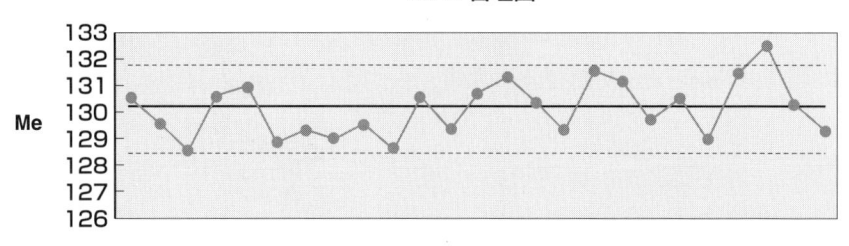

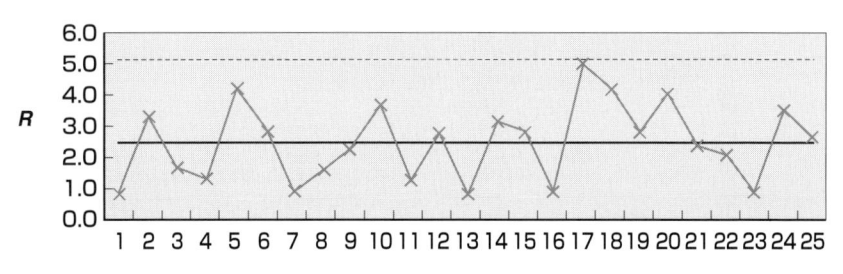

3.17 X-R 管理図
(CD-ROM：[e-Tools]-[Q7]-[X-R管理図]参照)

X-R管理図は，サンプル数が少なく群がとれないときなどに使う管理図で，$n=1$という特殊なケースのものである．群内変動が求められず R 管理図が作れないため，隣接する群との差(移動範囲)を求め，$n=2$ の R とみなしている．

X-R管理図より管理限界線の幅が広くなり，わずかな工程の変化は発見しにくい．しかし，大きな工程の変化は個々のデータを管理図に記入することから早期に発見できるという特徴がある．

書き方は，$\bar{X}$-R 管理図の平均値を中央値に変えるのと，管理図係数を E_2 に変更して，詳細は 3.14 節を参考にする．

移動範囲を計算する

範囲(R)は隣接する群の値の差(移動範囲)の絶対値で表す．このため，群番号1のRはゼロになるので，セル(D4)には [ー]，セル(D5)には式 [=ABS(C4-C5)] と入力する．その他のセル(D6:D28)はセル(D5)の内容をコピーする．

3.17 X-R 管理図

群番号	X	R
1	130.3	—
2	128.1	= ABS(C4 − C5)
3	128.3	= ABS(C5 − C6)
4	129.5	= ABS(C6 − C7)
5	133.6	= ABS(C7 − C8)
6	127.6	= ABS(C8 − C9)
7	129.3	= ABS(C9 − C10)

X-R 管理図

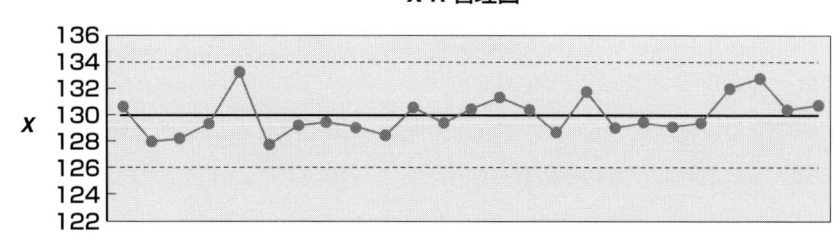

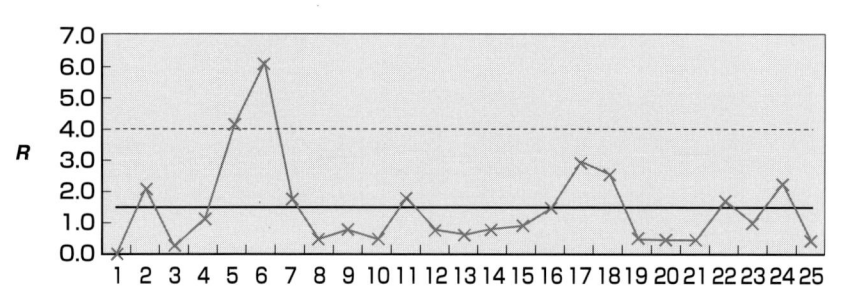

3.18 *np*管理図
(CD-ROM：[e-Tools]-[Q7]-[np管理図]参照)

*np*管理図は，工程を不適合品数(計数値)で管理する場合に用いる管理図で，群の大きさ(n)が一定であることが条件になっている．これは群の大きさが変化すると，同じ不適合品数でも評価が変わるからである．

1 データを収集して表を作る

① データをセルに打ち込む

対象となるプロセスから一定の大きさのロット(群の大きさ)でデータを収集し，セル(B3:D27)へ打ち込む(精度を保つためには，管理図のプロット点が25個以上あることが望ましい)．

② 罫線を引き，表を作る

罫線は，ツールバーの[罫線]を使うと便利である．

③ 合計を計算する

検査個数，不適合品数の合計をセル(C28:D28)に算出する．検査個数の合計としてセル(C28)に式[=SUM(C3:C27)]，不適合品数の合計としてセルD28に式[=SUM(D3:D27)]と入力する．

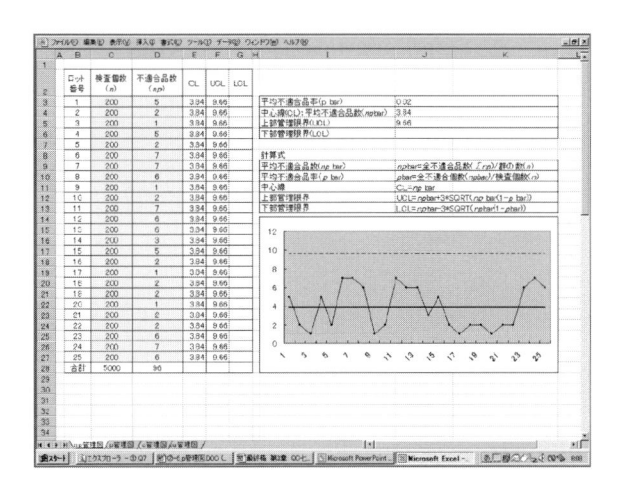

第3章　QC七つ道具の書き方　*139*

2 中心線と管理限界線を計算する

① 平均不適合品率を計算する

平均不適合品率($\bar{p}$)を計算する．セル(J3)に式[=D28/C28]と入力し，計算する．

② 中心線を計算する

平均不適合品数($n\bar{p}$)は，セル(J4)に式[=AVERAGE(D3:D27)]と入力して計算する．この値が np 管理図の中心線(CL)になる．

③ 管理限界線を計算する計算式

np管理図の管理限界線は，平均不適合品数($n\bar{p}$)をもとに，下記の計算式で算出する．

① 管理限界の計算式

上部管理限界(UCL)：$n\bar{p} + 3 * \text{SQRT}(n\bar{p}(1-\bar{p}))$

下部管理限界(LCL)：$n\bar{p} - 3 * \text{SQRT}(n\bar{p}(1-\bar{p}))$

② 管理限界のセル入力する式

UCLはセル(J5)に式[=J4+(3*SQRT(J4*(1-J3)))]と入力する．

LCL：セル(J6)に式[=IF(J4-3*SQRT(J4*(1-J3))<0,"",J4-3*SQRT(J4*(1-J3)))]と入力する．

LCLの算式が複雑になっているのは，計算結果がマイナスになった場合に，下部管理限界線を設けず，空欄にするためである．

3 中心線と管理限界線のグラフ化の準備をする

np管理図の中心線(CL)と管理限界線は直線で表示する．各群番号に同じ値を入力し，グラフ化の準備を行う．

中心線(CL)は，セル(E3)に式[=J4]，セル(E4)に式[=E3]を入力する．上部管理限界(UCL)はセル(F3)に式[=J5]，セル(F4)に式[=F3]を入力する．下部管理限界(LCL)はセル(G3)に式[=J6]，セル(G4)に式[=G3]と入力する．ただし，今回の下部管理限界は計算結果がマイナスになっているので下部管理限界線は空欄になる．その他のセル(E5:G27)は，上記のセル(E4:G4)をコピーす

る．

4 np 管理図を作成する

$\bar{X}$-R 管理図と同様の方法で np 管理図を書き，体裁を修正して np 管理図を完成させる．

np 管理図

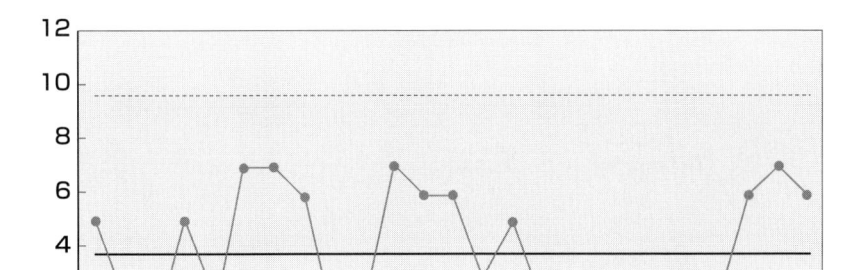

3.19　p 管理図
（CD-ROM：[e-Tools]-[Q7]-[p管理図]参照）

　p 管理図は，工程を不適合品率（計数値）で管理する場合に用いる管理図である．群の大きさ（n）が一定でないときに，不適合品率（p）を求めて管理図にする場合に用いる．p 管理図は，群の大きさが変化するため，その群の大きさに応じた管理限界線を設定する必要がある．この管理図は合格率，排除率などの百分率で表示されるデータであれば活用できる．

　書き方は，np 管理図の検査個数がロットごとに変わると考えると同じになるので，詳細は 3.18 節を参照する．

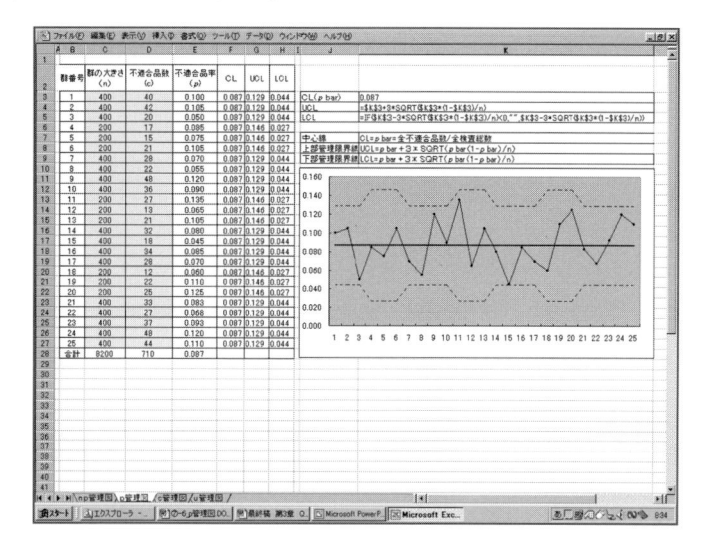

1　中心線と管理限界線を計算する

❶ 中心線を計算する

　不適合品率（$\bar{p}$）を求める．セル（K3）に式 [=D28/C28] と入力して計算する．この値が p 管理図の中心線（CL）になる．

3.19 p 管理図

❷ 管理限界線を計算する計算式

p 管理図の管理限界線は，平均不適合品率($\bar{p}$)の値をもとに，下記の算出式で計算する．

① 管理限界線の計算式

上方管理限界(UCL)=$\bar{p}$＋3＊SQRT($\bar{p}(1-\bar{p})/n$)

下方管理限界(LCL)=$\bar{p}$－3＊SQRT($\bar{p}(1-\bar{p})/n$)

② セルに入力する式

UCLはセル(K5)に式[=＄K＄3＋3＊SQRT(＄K＄3＊(1－＄K＄3)/n)]と入力する．

LCLはセル(K6)に式[=IF(＄K＄3－3＊SQRT(＄K＄3＊(1－＄K＄3)/n)<0,"",＄K＄3－3＊SQRT(＄K＄3＊(1－＄K＄3)/n))]と入力する(ただし，nは対応するデータの群の大きさを示すので，実際にUCL，LCLのセルへ入力するときは，当該するデータのセル番号になる)．

2 中心線と管理限界線のグラフ化の準備をする

p 管理図の中心線(CL)を直線で表示する．各群番号に同じ値を入力し，グラフ化の準備を行う．

中心線(CL)はセル(F3)に式[=K3]，セル(F4)に式[=F3]を入力する．上部管理限界(UCL)はセル(G3)に式[=＄K＄3＋3＊SQRT(＄K＄3＊(1－＄K＄3)/C3)]，下部管理限界(LCL)はセル(H3)に式[=IF(＄K＄3－3＊SQRT(＄K＄3＊(1－＄K＄3)/C3)<0,"",＄K＄3－3＊SQRT(＄K＄3＊(1－＄K＄3)/C3))]と入力する．その他のセル(F5:F27)には，セル(F4)を，セル(G4:H27)には(G3:H3)の内容をセルにコピーする．ただし，計算結果がマイナスになるときは，空欄になる．

3 p管理図を作成する

X-R 管理図と同様の方法で p 管理図を書き，体裁を修正して p 管理図を完成させる．

3.19 p 管理図

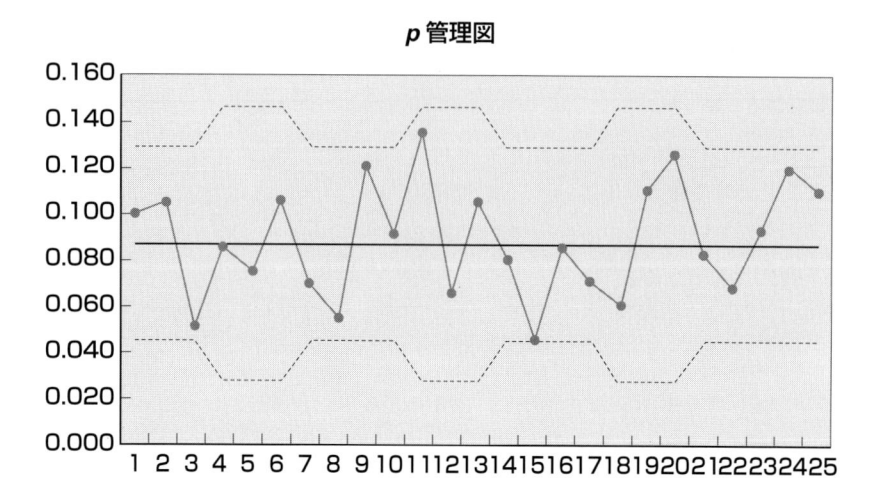

p 管理図

3.20　c 管理図
(CD-ROM：[e-Tools]-[Q7]-[c管理図]参照)

　c 管理図は，同じ製品の中に存在する不適合数(c)によって工程を管理する場合に用いる管理図で，傷，汚れ，異物付着などに使われるが，事故の発生件数や機械の停止回数，作業のミス件数などポアソン分布に従う特性に関するものにも用いる．ただし，取得した不適合数の単位体の大きさや量が等しくなければならない．

　np 管理図が二項分布に対応する管理図であるが，書き方は同じになるので，詳細は 3.18 節を参照する．

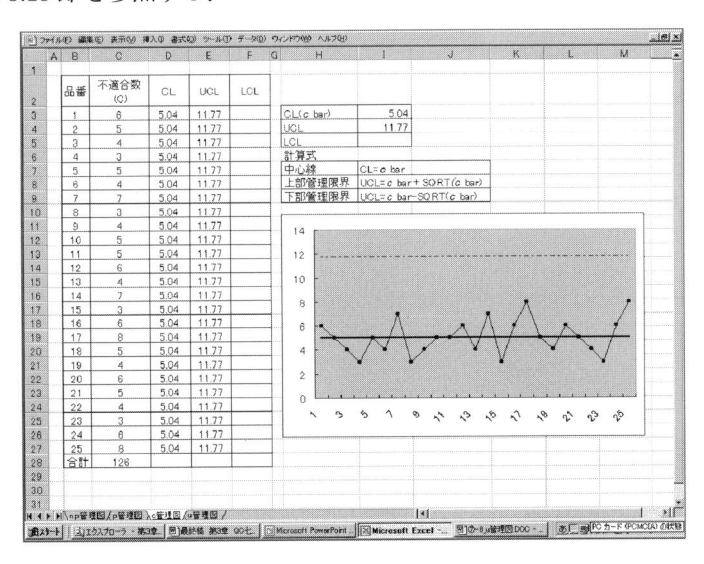

1　中心線と管理限界線を計算する

❶　平均不適合数を計算する

　平均不適合数(c)を求める．セル(I3)に式[=AVERAGE(C3:C27)]と入力して計算する．この値が c 管理図の中心線(CL)になる．

❷　管理限界線を計算する計算式

3.20 c 管理図

c管理図の管理限界線は，平均不適合数($\bar{c}$)をもとに，次の算出式で計算する．

① 管理限界の計算式

　　　上部管理限界(UCL)=$\bar{c}$＋3＊SQRT($\bar{c}$)

　　　下部管理限界(LCL)=$\bar{c}$－3＊SQRT($\bar{c}$)

② セルに入力する式

　　　上部管理限界(UCL)はセル(I4)に式 [=I3＋3＊SQRT(I3)]と入力する．

　　　下部管理限界(LCL)はセル(I5)に式 [=IF(I3－3＊SQRT(I3)<0,"",I3－3＊SQRT(I3))]と入力する．

2　中心線と管理限界線のグラフ化の準備をする

c管理図の中心線と管理限界線は直線で表示する．各群番号に同じ値を入力し，グラフ化の準備をする．

中心線(CL)はセル(D3)に式 [=I3]，セル(D4)に式 [=D3]と入力する．上部管理限界(UCL)はセル(E3)に式 [=I4]，セル(E4)に式 [=E3]と入力する．下部管理限界(LCL)はセル(F3)に [=I5]，セル F4 に [=F3]と入力する．その他のセル(D5:F27)は，上記のセル(D4:F4)をコピーする．

品番	不適合数(c)	CL	UCL	LCL
1	6	=I3	=I4	=I5
2	5	=D3	=E3	=I5
3	4	=D3	=E3	=I5
4	3	=D3	=E3	=I5
5	5	=D3	=E3	=I5
6	4	=D3	=E3	=I5
7	7	=D3	=E3	=I5
8	3	=D3	=E3	=I5
9	4	=D3	=E3	=I5

CL($\bar{c}$)	=AVERAGE(C3:C27)
UCL	=I3+3＊SQRT(I3)
LCL	=IF(I3－3＊SQRT(I3)<0,"",I3－3＊SQRT(I13))

計算式

中心線	CL=$\bar{c}$
上部管理限界	UCL=$\bar{c}$＋3＊SQRT($\bar{c}$)
下部管理限界	LCL=$\bar{c}$－3＊SQRT($\bar{c}$)

3 c 管理図を書く

$\bar{X}$-R 管理図と同様の方法で管理図を書き，体裁を修正して c 管理図を完成させる．

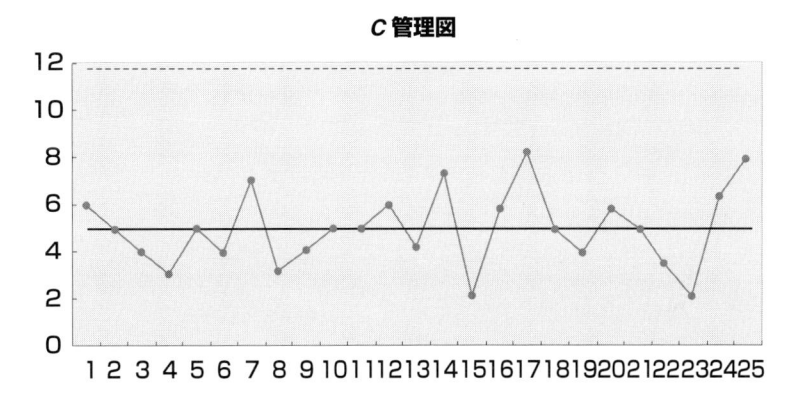

c 管理図

3.21　u管理図
(CD-ROM：[e-Tools]-[Q7]-[u管理図]参照)

　u管理図は，工程を単位当たりの不適合数(計数値)で管理する場合に用いる管理図である．傷，汚れ，異物付着や，事故の発生件数，機械の停止回数，作業のミス件数など，ポアソン分布に従う特性に関するデータを扱う．取得した不適合数の単位体の大きさや量が等しくないときに，単位当たりの不適合数にデータを変換して用いる．

　np管理図が二項分布に対応し，さらに検査個数がロットごとに変わると考えると書き方は同じになるので，詳細は3.18節を参照する．

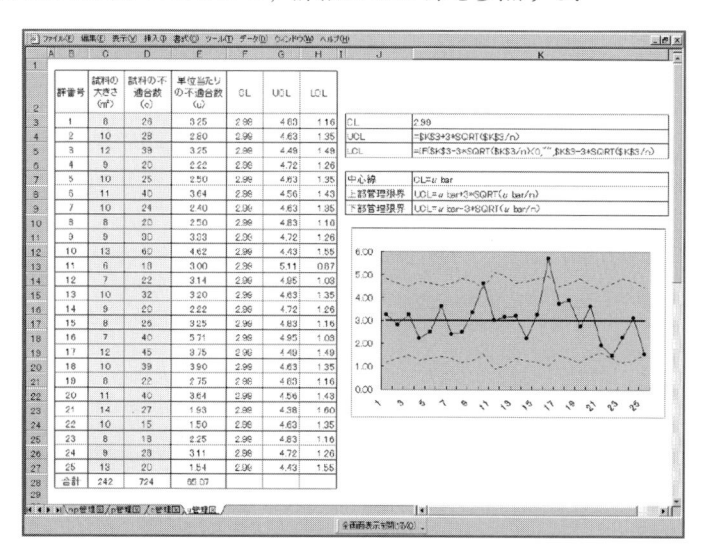

1　中心線と管理限界線を計算する

① 不適合率を計算する

　平均不適合率($\bar{u}$)は，セル(K3)に[=D28/C28]と入力して計算する．この値がu管理図の中心線(CL)になる．

② 管理限界線を計算する計算式

3.21 u 管 理 図

u 管理図の管理限界線は，平均不適合率($\bar{u}$)の値をもとに，下記の算出式で計算する．

① 管理限界線の計算式
上部管理限界(UCL)=$\bar{u}+3*\text{SQRT}(\bar{u}/n)$
下部管理限界(LCL)=$\bar{u}-3*\text{SQRT}(\bar{u}/n)$

② セルに入力する式
UCL はセル(K4)に式[=＄K＄3＋3＊SQRT(＄K＄3/n)]と入力する．
LCL はセル(K5)に式[=IF(＄K＄3－3＊SQRT(＄K＄3/n)<0,"",＄K＄3－3＊SQRT(＄K＄3/n))]と入力する(ただし，nは対応するデータの群の大きさを示すので，実際にUCL，LCLのセルへ入力するときは，当該するデータのセル番号になる)．

2 中心値と管理限界線のグラフ化の準備をする

u 管理図の中心線(CL)を直線で表示する．各群番号に同じ値を入力して，グラフ化する準備を行う．

中心線(CL)はセル(F3)に式[=K3]，セル(F4)に式[=F3]を入力する．上部管理限界(UCL)はセル(G3)に式[=＄K＄3＋3＊SQRT(＄K＄3/C3)]，下部管理限界(LCL)はセル(H3)に式[=IF(＄K＄3－3＊SQRT(＄K＄3/C3)<0,"",＄K＄3－3＊(SQRT(＄K＄3/C3))]と入力する．その他のセル(F5:F27)には，セル(F4)を，セル(G4:H27)には(G3:H3)の内容をコピーする．計算結果がマイナスになるときは空欄になる．

3 u管理図を作成する

$\bar{X}$-R 管理図と同様の方法で u 管理図を書き，体裁を修正して u 管理図を完成させる．

3.21 u 管理図

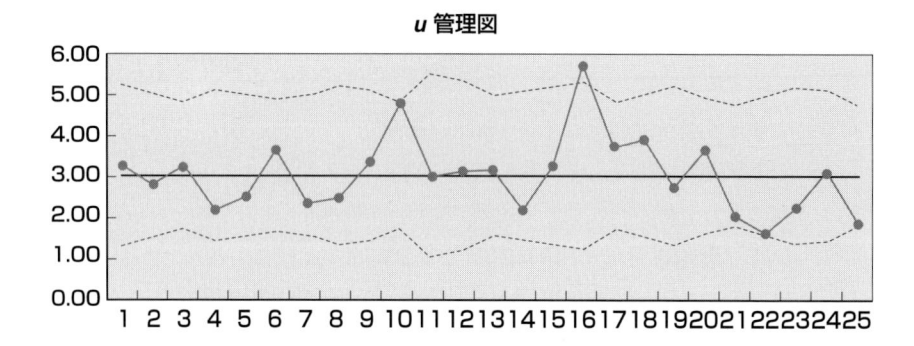

u 管理図

3.22 統計量の計算方法
(CD-ROM：[e-Tools]-[Q7]-[統計量]参照)

　管理図の基本になっている標準偏差や工程能力指数など，手法を活用するうえで必要になる統計量の算出方法を説明する．Excelでは，ここで説明するほとんどの統計量が関数の機能で計算できる．

1　統計量の種類と選び方

統計量	記号	内容	使用する関数
平均値	$\bar{x}$	すべてのデータを加算し，データの数で割る	AVERAGE
メディアン	Me	データを大きさの順に並べた中央の値	MEDIAN
最大値	Max	データの中の最大値	MAX
最小値	Min	データの中の最小値	MIN
範囲	R	データの中の最大値と最小値の差分	MAX－MIN
平方和	S	データの平均値からの隔たり(各データと平均値の差を偏差という)の程度の和で，偏差を2乗したものを合計して平方和(偏差平方和という)を作り活用する	DEVSQ
分散 (不偏分散)	V	偏差平方和はデータの数が大きくなれば，ばらつきの大きさに関係なく大きくなるので，偏差平方和をデータの数に影響されないように$n-1$で割って平均化したもの	VAR
標準偏差	s	不偏分散は2乗してあるために，平均値や偏差と比較する場合に都合が悪いので，平方根を求めて元に戻したものが標準偏差である	STDEV
歪度 (わいど)	b_1	分布の対称性を示す指標で，$b_1=0$：左右対称，$b_1>0$：右に裾が伸びている，$b_1≧0$：裾が伸びている事を表す	SKEW
尖度 (せんど)	b_2	分布の裾の長さ(頂上のとがり具合)を示す指標で，$b_2=0$：正規分布型，$b_2>0$：裾が短い，$b_2<0$：裾が長い事を表す	KURT

2　統計量を計算する

　統計量の計算は次の手順により行う．

3.22 統計量の計算方法

① データをセルに打ち込む

対象のデータを収集し，セル(B2:F21)へ打ち込む．今回はヒストグラムを書いたデータを流用する．

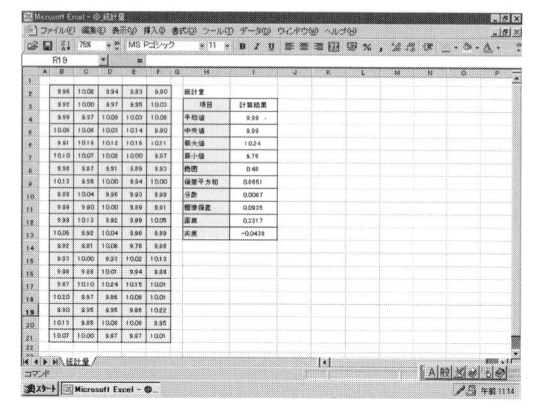

② 関数を用いて計算する

ほとんどの統計量が Excel 関数で一度に計算できる．

項目	関数
平均値	=AVERAGE(B2:F21)
中央値	=MEDIAN(B2:F21)
最大値	=MAX(B2:F21)
最小値	=MIN(B2:F21)
範囲	=MAX(B2:F21)−MIN(B2:F21)
偏差平方和	=DEVSQ(B2:F21)
分散	=VAR(B2:F21)
標準偏差	=STDEV(B2:F21)
歪度	=SKEW(B2:F21)
尖度	=KURT(B2:F21)

3.23 層　別
(CD-ROM:[e-Tools]-[Q7]-[層別]参照)

層別とは，得られたデータや調査結果などを項目別(例えば，作業者別，機械・設備別，材料・部品別，作業方法別など)に分けて，項目による不良などの発生の違いをつかみやすくするための手法である．層別を上手に行うと，ばらつきの原因がつかみやすくなり，適切な対策がとりやすくなる．

1　解決すべき問題や内容を明確にする

❶ 解決すべき問題を明確にする

解決すべき問題あるいは内容が何であるか明確にする．例えば，工程品質の向上，工程歩留まりの向上などである．

❷ データの集め方を決める

どのようなデータを集めるのかを決める．例えば，不適合品数や不適合品率，歩留まり率，作業時間，費用，納期遅れ日数などのデータである．

2　層別の項目を決める

❶ 層別の項目をリストアップする

そのデータを構成する層別の項目を考えられるだけ明らかにし，リストアップする．

❷ 層別項目を決める

その中から項目内でデータがばらつく可能性の大きいと思われる項目に着目して，層別項目を決める．

❸ データの分布も加味する

ばらつきが出る項目が不明確であれば，層別項目の幅を大きくしてデータを分析することも必要である．

区　分	層別項目				
機械別	A型機	B型機			
作業者別	山田	鈴木	斉藤	上田	
曜日別	月	火	水	木	金
時間別	午前	午後			
不適合内容別	外観	寸法	材料	仕上げ	

3 チェックシートを作成する

チェックシートの作り方は「3.11 チェックシート」を参照のこと．

① 層別項目でチェックシートを作る

リストアップした層別項目を網羅したチェックシートを作成する．

② 関数で計算式を埋め込む

関数を使って集計するための計算式をあらかじめ入力しておく．

③ テキスト形式で入力する

このチェックシートはテキスト形式（○，×，●，△）で採取したデータを一つ一つのセルに入力する．

④ テキストをカウントする関数を埋め込んでおく

テキストをカウントする関数を使って自動的にカウントする式は[=COUNTIF(セル範囲,"テキスト")]となる．セル範囲はカウントする範囲，テキストはカウント対象のテキストになる．

このため○，×，●，△の個数をすべてカウントするには，例えばA型機，担当者：山田の合計セル(BB6)は[=COUNTIF(D6:BA11,"＊")]となる．「＊」はワイルドカードと呼び，任意の数の文字を検出する記号である．

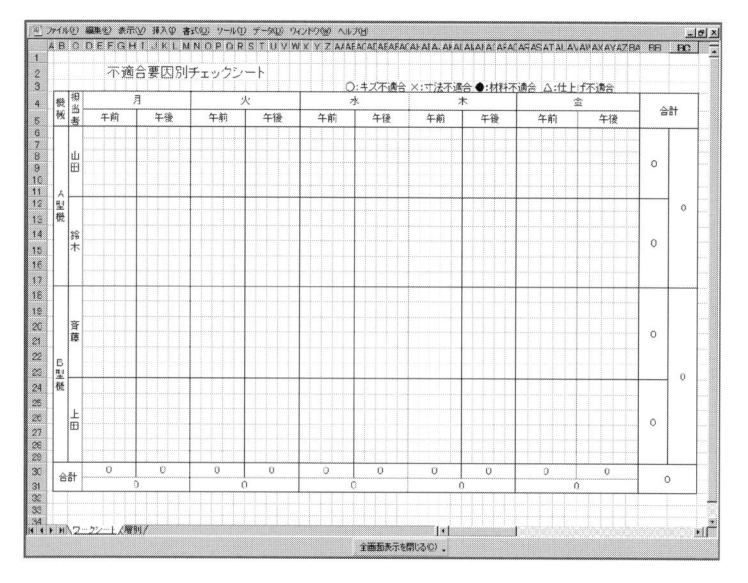

4 データを収集する

① データを収集する

チェックシートを活用してデータを収集する．

② テキストを入力すれば自動計算される

このとき，発生順番で不適合モード別に記号（○，×，●，△）で記録すると基本的な集計は自動的に実施される．

不適合要因別チェックシート

○：キズ不適合　×：寸法不適合　●：材料不適合　△：仕上げ不適合

機械	担当者	月		火		水		木		金		合計	
		午前	午後	午前	午後	午前	午後	午前	午後	午前	午後		
A型機	山田	○○×●● ×××△ ○○○×○	○△×●× ○×●○	●△○×● ×○●○ ○×○×● △○○×○	●●△×△ ○×●○ ○●△×× ×××○×	××○○△ ○●△× ●●△○ ○	×●×○△ ○△×○	○●△×△ ××●○ ○○ △×××○	××△●△ ○△××	○○●×○ ○△△●× ○△△×○ ×○△×○	○×●○○ ×××●× ○○●△ ●△	157	253
	鈴木	××△●○ ○○○○	○△×●● ×××●	○○○△○ △×××● △○○○	○△●△○ ○△×○ ○△×○	●●△△○ ○●△×○ ○○	△××△○ ○	●△××× ○△△×○ ○○	●△××× ○△△×○ ×○	××△●○ ○○△×○	×△×○× ○○●△	96	
B型機	斉藤	×○△×○ ○○○×	○△○×	○○○△× ×××● △○○○	●△○×× △○×× ○△×○	●●△○△ ○×	×●×○△	△△×○○ ○	○△△×○ ○△△×○	○△△×○ ○△△×○	○○△●× ○△	88	209
	上田	○○×●● ×○△×○	××●△○ ○○●×	●△○×● ●●○△○ ○	●○●△× ○△×○ ●●△	××○○△ ●●△○	×●×○△ ○△×○	○●△×△ ××●○	○△△×× △△△○○	○△△○△ ×○△×○ ○△	○×●●○ ×△×○ ○	121	
合計		44	39	44	58	56	35	54	32	54	46	462	
		83		102		91		86		100			

5 集計表を作成する

データの層別項目を網羅するように集計表を作成する．縦軸に機械別，担当者別，不適合モード別を，横軸に曜日，午前/午後の時間軸をとって，各項目の小計を行う集計表にする．

例えば，月曜日，A型機の午前の集計欄であるセル（BG15）に [COUNTIF(D6:H17,"*")] と入力する．記号（○，×，●，△）をすべて集計するために，記号の部分をワイルドカード（*）を用いてある．

第3章　QC七つ道具の書き方　*155*

3.23 層　別

曜　日		月 午前	月 午後	月 小計	火 午前	火 午後	火 小計	水 午前	水 午後	水 小計	木 午前	木 午後	木 小計	金 午前	金 午後	金 小計	午前小計	午後小計	総計
機械別	A型機	24	19	43	24	34	58	33	17	50	29	15	44	32	26	58	142	111	253
	B型機	20	20	40	20	24	44	23	18	41	25	17	42	22	20	42	110	99	209
	小計	44	39	83	44	58	102	56	35	91	54	32	86	54	46	100	252	210	462
担当者別	山田	15	12	27	15	20	35	20	11	31	17	10	27	20	17	37	87	70	157
	鈴木	9	7	16	9	14	23	13	6	19	12	5	17	12	9	21	55	41	96
	斉藤	9	8	17	9	10	19	10	7	17	10	6	16	10	9	19	48	40	88
	上田	11	12	23	11	14	25	13	11	24	15	11	26	12	11	23	62	59	121
	小計	44	39	83	44	58	102	56	35	91	54	32	86	54	46	100	252	210	462
不適合モード別	キズ不適合	18	14	32	16	29	45	15	11	26	22	4	26	19	20	39	90	78	168
	寸法不適合	14	12	26	14	13	27	19	12	31	16	13	29	21	10	31	84	60	144
	材料不適合	8	7	15	8	8	16	14	2	16	6	7	13	6	8	14	42	32	74
	仕上げ不適合	4	6	10	6	8	14	8	10	18	10	8	18	8	8	16	36	40	76
	小計	44	39	83	44	58	102	56	35	91	54	32	86	54	46	100	252	210	462

6　データのグラフ化とグラフの判定

　縦軸に機械別，担当者別，不適合モード別で層別項目別にグラフを作成する．グラフを考察し，ばらつきの出ているグラフを見付ける．

機械別に層別する

　機械別では，顕著な要因別のばらつきは見られない．

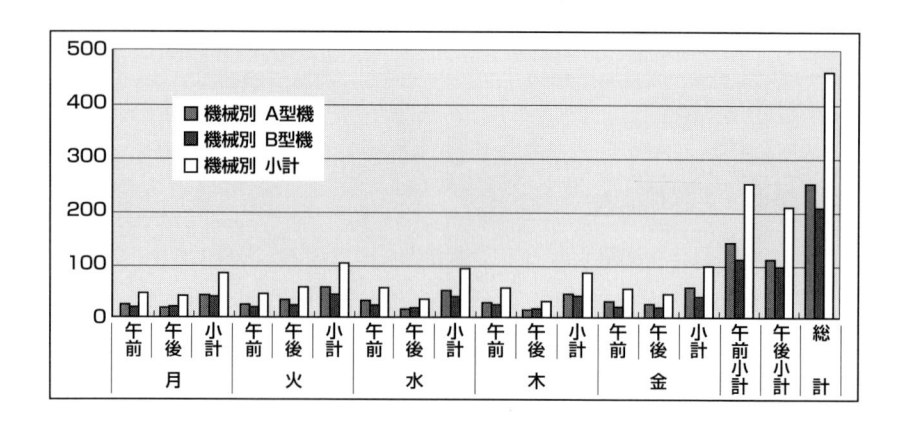

3.23 層別

担当者別に層別する

担当者別では，山田と上田が，鈴木，斉藤よりも多く不適合を出している．

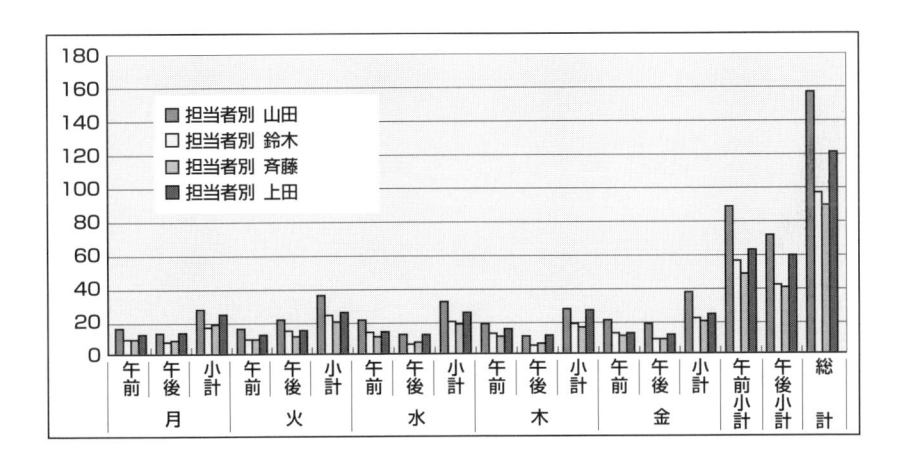

不適合モード別に層別する

不適合モード別では，キズ不適合，寸法不適合が多く，それも火曜日の午前の方がやや多い．このデータでは作業担当者別，不良項目別及び日曜日・午前／午後別にデータにばらつきが見られる．

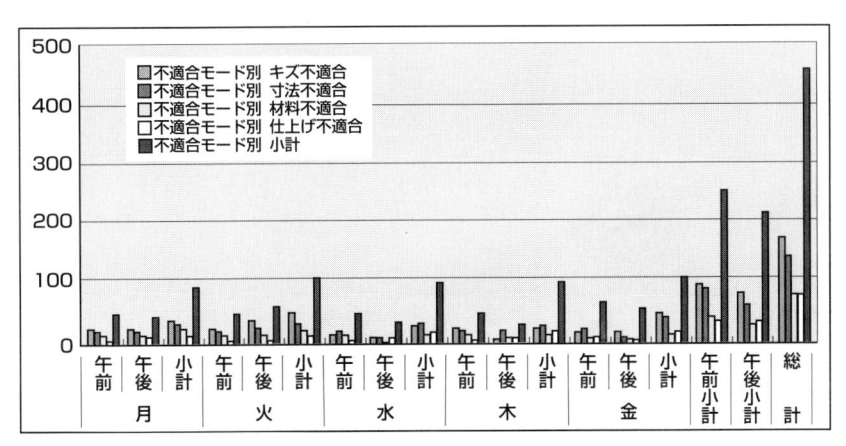

第3章 QC七つ道具の書き方 157

Part 4

新QC七つ道具の書き方

　第4章では，Excelの標準機能を用いて，問題解決に必要な新QC七つ道具の作り方を説明する．

　親和図，連関図，系統図などの新QC七つ道具は，言語データを主体に構成されているので，Excelのセル相互間の計算機能と図形描画機能を使用する．

　マトリックス図，PDPC法やアロー・ダイヤグラムは，セル相互間の計算機能と関数を活用して集計業務を簡素化する．またマトリックス・データ解析法は，グラフ機能を活用して作図時間の短縮を図り，集計を半自動化する．

4.1 言語データの層別
(CD-ROM：[e-Tools]-[N7]-[言語データの層別]参照)

　言語データの層別とは，数値データとして収集できない断片的なアイデアや意見，事実を言語データとしてとらえ，Excelのデータ並べ替え機能を用いて，それら相互で似かよったものを統合する方法である．

1　言語データを集め，表を作成する

① 言語データを集める
　テーマに沿って，問題点や要因などの言語データをブレーン・ストーミング(BS法)やブレーン・ライティング(BW法)を使って集める(BW法の詳細については，5.7節を参照)．

② Wordに打ち込む
　集めた言語データをWordに平打ちし，リストを作る．1つのデータは改行せずに続ける．改行すると違うデータの扱いになる．

③ Excelへ貼り付ける
　Wordで平打ちした要因のリストをドラッグして選択し，コピーする．CD-ROMに収録されているサンプルのワークシートを開き，セル(F5)をクリックして，ツールバーの[貼り付け]をクリックすると，セル(F5:F37)に要因が1つずつ貼り付く．

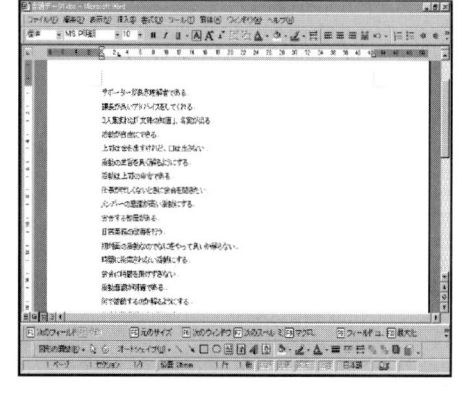

160

4.1 言語データの層別

2 言語データ(3次要因)を層別する

① キーワードを決める

全体の要因に目を通し,概略の層別キーワードを決めて,H列にその一覧表を作る.これをもとに,各要因の2次要因(E列)に層別キーワードを1つずつ打ち込むか,コピーする.

① 一覧表に不都合が生じたら修正する.
② 打ち込みミスを防ぐため,キーワードはコピーで貼り付ける方がよい.
③ セル(C5:C37)には追い番を振っておく(並べ替えがうまくなかったときに元の並びに戻す作業が簡単になる).

② 3次要因を並べ替える

セル(C5:F37)をドラッグして選択し,[データ(D)]-[並べ替え(S)]-[並べ替え]-[最優先されるキー]-[列E]-[昇順(A)]-[OK]をクリックすると,要因がキーワード(2次要因)別に層別される.

3 言語データ(2次要因)を層別する

① 2次要因を層別する

① 2次要因の同じキーワードの中をさらに類似点,共通点でまとめて(これを島という)キーワードを付ける.ここでは「会合」の下に①,②,③…と付けて分けた.島に含まれる要因の数は2～3個にする.
② セル(C5:F37)をドラッグし

第4章 新QC七つ道具の書き方 *161*

4.1 言語データの層別

て2次要因(列E)で並べ替える．

この例では，9つあった「会合」に関する要因が会合①～④に分かれた．

❷ 2次要因の語句を修正する

E列に書かれた層別キーワードを，そこに含まれるいくつかの要因(3次要因)の内容全体を表す語句に修正する(表札：3次要因を適切に表す語句)．例えば，セル(E5:E7)の「会合①」では，「仕事が忙しくないときに会合を開きたい」，「会合に時間を掛けすぎない」，「会合時間を自由にとれるようにする」ということから，3次要因を代表して表す言葉を「会合の運営を工夫する」とし，これを2次要因とする．

❸ 層別キーワードを消去する

書き替えた層別キーワードの他は，当該のセル上で右クリックして[数式と値のクリア(N)]を選択し，層別キーワードを消去する．「会合①」の場合は，セル(E6:E7)を消去する．

❹ 2次要因の共通点で島分けする

この2次要因同士を比較し，さらに類似点，共通点を探し出して4～5程度の島に層別する．島に応じて2次要因の先頭に①，②，③…と番号を振る．

セル(E5)の「会合の運営を工夫する」の場合は，セル(E8，E10，E12)に「会合の工夫」という共通点があるので，この4つのセルに①を入力する．

❺ 2次要因をコピーする

Excelのオートフィル機能を使って，同じ島の要因に表札をコピーする．セル(E5)の場合は，セル(E6:E7)にコピーする．

4.1 言語データの層別

⑥ データを並べ替える

セル(C5:F37)をドラッグして選択し，[データ(D)]-[並べ替え(S)]-[並べ替え]-[最優先されるキー]-[列E]-[昇順(A)]-[OK]をクリックする．

4　言語データ（1次要因）の表札を作る

① 1次要因の表札を作る

2次要因の同じ層別番号の表札全体に内容を表す語句をつけ，1次要因の表札を作る．セル(E5:E13)の場合は，セル(D5)に「会合の工夫」と入力する．

② 同じ1次要因および2次要因のセルを結合する

同じ表札のセルをドラッグし，右クリックして[セルの書式設定(F)]-[配置]-[文字の配置]-[縦位置(V)]-[中央揃え]，[文字の制御]-[セルを結合する(M)]-[OK]を選択して，セルを結合する．セル(D5)の場合は，セル(D5:D13)を結合する．

5　体裁を整える

① 列番号を消去する

C列をクリックして列番号を選択し，右クリックして[削除(D)]を選択して消去する．

② タイトルを入れる

1次要因全体を表す語句を決め，タイトルとする．ワークシートでは，言語データを集めるときに用いたテーマをタイトルとして記入されるよう設定してあるので，不都合がなければそのままにする．タイトル欄が作られていない時は，タイトル欄にあたるセルをドラッグし，右クリックして[セルの書式設定(F)]-[配置]-[方向]-[文字列](縦書き)，[文字の配置]-[横位置(H)]-[中央揃え]，[縦位置(V)]-[中央揃え]，[文字の制御]-[セルを結合する(M)]-[OK]を選択して，タイトル欄を作る．

LETS活動の一層の充実を図る	会合の工夫	会合の運営を工夫する	会合に時間をかけすぎない
			会合時間を自由にとれるようにする
			仕事が忙しくないときに会合を開きたい
		会合場所にも気を配る	会合する部屋がある
			和室を使って座って会合をする
		リラックスした会合を実施する	リラックスしてできる会合にする
			意見を出しやすくする
		自由な雰囲気で会合を開く	自由な発言ができるようにする
			言いたいことが聞いてもらえる
	活動の工夫	活動自体の魅力を付ける	たくさんの活動を体験する
			気持ちのわだかまりを解消できるようにする
			素敵な賞品を出す
		活動のやり方を型にはめない	活動が自由にできる
			時間に拘束されない活動にする
		活動をスムーズにする知識を付ける	何で活動するのか解るようにする
			活動の主旨をよく解るようにする
			初対面の活動なのでなにをやっていいか解らない
		自主性を持てる活動にする	活動に全員が参加できるようにする
			活動意識が明確である
		チーム活動のメリットを生かす	3人寄れば「文殊の知恵」，名案が出る
			グループ全員で活動している
		役割分担をうまく使う	役割分担を強制しない
			役割分担を最初から決めない
			役割分担はやりたいことを担当する
	活動の理解	上司や推進者がうまくバックアップする	サポーターが良き理解者である
			課長が良いアドバイスをしてくれる
			上司は金を出すけれど，口は出さない
		メンバーの意識を高める	メンバーの意識が高い活動にする
			男ばかりなので女性がいると良い
	テーマの選定	業務直結のテーマで職場に貢献する	テーマ活動は上司の命令である
			日常業務の改善を行う
		テーマ選定に留意する	やる気が出る活動にする
			遊んでいたときに気づいたテーマで活動する

4.2 親和図
(CD-ROM：[e-Tools]-[N7]-[親和図]参照)

親和図とは，事実やアイデアを言語データとしてとらえ，それら相互で似かよったものを統合し，図解化したもので，解決すべき問題の形態や所在を明らかにする新 QC 七つ道具に属する手法である．

1　要因リストを作成する

❶ 層別した言語データを貼り付ける

前述した「4.1 言語データの層別」(p.160)で体系化したデータを活用して，リストの形でワークシートに貼り付ける．コピーの方法は，言語データリストのセル(B2:E37)をドラッグして選択し，コピーして，親和図のワークリストのセル(A5)に貼り付ける．親和図のタイトルは自動的に表示される．

❷ 2次要因の枠を作る

ワークシートの親和図2次要因枠(データ枠と呼称)の数が言語リストの2次要因数より少ないときは，コピーで必要な枠の数にする．

❸ 参考：データ枠を新たに作る

新しいシートなどにデータ枠を新たに作るときは，[オートシェイプ(U)]-[基本図形(B)]-[角丸四角形]を用いて書き，[塗りつぶしの色]-[塗りつぶしなし]で透明にする．

① 大きさは7割程度の要因が1行で収まる横幅と，データ枠に入る要因の数が収納できる大きさを目安にする．
② 画面に入るセルの横幅はデフォルトより半分程度の幅にしておく．

4.2 親和図

③　セルの幅を縮めるには，列の表題(E, F, G…)を必要な部分ドラッグして，ドラッグした1つの列の境界線をポイントし，セルの幅を調整する．

④　データ枠の表札部分として，枠に接している上部のセルを一体化する．一体化は必要とするセルをドラッグし，その上で右クリックして[セルの書式設定(F)]-[文字の配置]-[横位置(H)]-[中央揃え]，[縦位置(V)]-[中央揃え]，[文字の制御]-[セルを結合する(M)]，[フォント]-[サイズ(S)]-[14]を選択して，[OK]をクリックする．

⑤　表札部分を含み，データ枠を必要な数だけコピーする．

2　2次要因の島を作る

1　3次要因をコピーする

データ枠にその枠内に含まれる3次要因を1つずつコピーする．

①　コピーの仕方は，コピーする要因のセルをポイントすると，数字バーに3次要因が表示されるので，それをドラッグして右クリック[コピー(C)]を指定する．

②　そのうえで，コピー先のデータ枠をポイントしてクリックし，中点[・]を打ち込んだ後，3次要因を貼り付ける．この作業をすべての要因について行う．

2　島の表札になる2次要因をコピーする

2次要因(データ枠の表札)を該当する島の上部の一体化したセルにコピーする．

①　方法は3次要因のコピーと同じ手順で行う．

②　コピーすると表札のフォントは14ptに自動的に変更される．

③　2次要因は，1次要因の島を作りやすいように配置する．

3 1次要因の島を作る

① 1次要因に含まれる2次要因をデータ枠で囲む

言語データリストの1次要因に含まれる2次要因のデータ枠をさらにデータ枠で囲む．

① 囲む範囲はリストの1次要因に含まれる2次要因の範囲である．

② 島同士の境界が狭く，データ枠で囲めないときは，島の範囲で移動する．

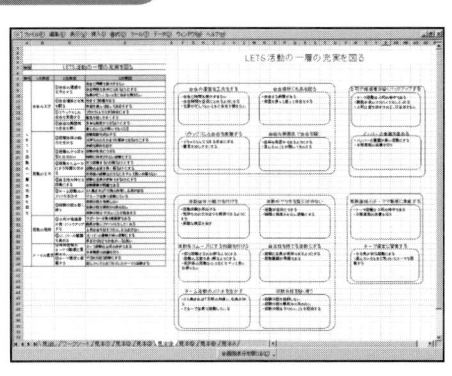

③ 移動の方法は，移動したい島を一度，他の島にかからない場所にポインターを移動させ，仮貼り付けを行い，再度所定の島を移動する．これは，島の表題などのセルを一体化しており，そのまま活用するための処置である．

② 名札を付ける

名札の付け方は，2次要因の島作りと同様に行う．

③ 名札のフォントを変える

2次要因との差を付けるために，フォントの大きさを [18] にする．

4 タイトルを記入する

① タイトルを打ち込む

通常は言語データリストのタイトルが，自動的に図の最上位にタイトルとして表示される．修正や違うタイトルを打ち込むときの手順は，各要因の表札と同じである．

② フォントを変える

1次要因との差を付けるために，フォントの大きさを [28] にする．

5 　ストーリーに合わせて，レイアウトする

① 空間配置をする

　島同士の関わり合い(因果関係や相反関係など)が明確になるように空間配置をする．
　①　島同士の関わり合いは，1次要因の表札だけで判断する．
　②　空間配置で島を移動させるときは，1次要因の島作りの手順で行う．

② 矢印で関係を表す

　島同士の関わりは，矢印などを使って図示する．

4.2 親和図

LETS活動の一層の充実を図る

開催時間，場所などに配慮し，リラックスできる会合を行う

会合の運営を工夫する
- 会合に時間をかけすぎない
- 会合時間を自由にとれるようにする
- 仕事が忙しくないときに会合を開きたい

会合場所にも気を配る
- 会合する部屋がある
- 和室を使って座って会合をする

リラックスした会合を実施する
- リラックスしてできる会合にする
- 意見を出しやすくする

自由な雰囲気で会合を聞く
- 自由な発言ができるようにする
- 言いたいことが聞いてもらえる

上司や推進者の支援でメンバーの意識を高める

上司や推進者がうまくバックアップする
- テーマ活動は上司の命令である
- 課長が良いアドバイスをしてくれる
- 上司は金を出すけれど，口は出さない

メンバーの意識を高める
- メンバーの意識が高い活動にする
- 日常業務の改善を行う

活動の工夫をして魅力ある活動を実現する

活動自体の魅力を付ける
- たくさんの活動を体験する
- 気持ちのわだかまりを解消できるようにする
- 素敵な賞品を出す

活動のやり方を型にはめない
- 活動が自由にできる
- 時間に拘束されない活動にする

活動をスムーズにする知識を付ける
- 何で活動するのか解るようにする
- 活動の主旨をよく解るようにする
- 初対面の活動なのでなにをやってよいか解らない

自主性を持てる活動にする
- 活動に全員が参加できるようにする
- 活動意識が明確である

チーム活動のメリットを生かす
- 3人寄れば「文殊の知恵」，名案が出る
- グループ全員で活動している

役割分担をうまく使う
- 役割分担を強制しない
- 役割分担を最初から決めない
- 役割分担はやりたいことを担当する

テーマ選定に留意して，職場に貢献する活動を行う

業務直結のテーマで職場に貢献する
- テーマ活動は上司の命令である
- 日常業務の改善を行う

テーマ選定に留意する
- やる気が出る活動にする
- 遊んでいたときに気づいたテーマで活動する

4.3 連関図
(CD-ROM：[e-Tools]-[N7]-[連関図]参照)

　連関図とは，複雑に絡み合っている要因の因果関係を明らかにすることによって，不適合の原因を追究したり，課題の構造を図解化する手法である．因果関係を目的・手段の関係に置き換えて用いると，ネットワーク型に相互影響するような複雑な目的達成の構造を図示化することもでき，解決すべき問題の形態や所在が明らかになる．

1 要因リストを作成する

①　言語データを言語データリストにコピーする
　「4.2 親和図」(p.165)と同じ手順で言語データリストを作成する．

②　参考：データ枠を新たに作る
　データ枠を新たに作るときは，[オートシェイプ]-[基本図形(B)]-[楕円]を用いて書き，[塗りつぶしの色]-[塗りつぶしなし]で透明にする．
① タイトル枠になるデータ枠は，強調するために枠線を[線のスタイル]-[二重線]に変更する．
② 因果関係を表す矢印で，データ枠を結ぶ．
③ 根元側を原因，矢印側を結果とする．
④ 必要な本数を言語データリストに応じて記入する．
⑤ 要因の配置は中央のタイトルに向かって，周りから3次要因→2次要因→1次要因→タイトルと位置付ける．
⑥ 矢印は3次要因→2次要因→1次要因→タイトル(原因→結果，対策→目的の連鎖)と結ぶ．

4.3 連関図

2　データ枠に言語データを入れる

① タイトルラベルを書く

　タイトルは，言語データシートをコピーすると自動的にタイトル枠に表示される．新たに作る場合は，タイトルのデータ枠を二重線に変更してタイトル枠にし，タイトル（この場合は「LETS活動の一層の充実を図る」）をコピーする．

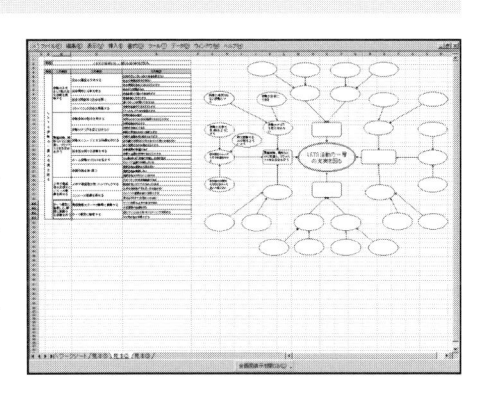

② 要因ラベルをコピーする

　言語データリストの1次要因，2次要因，3次要因をそれぞれのデータ枠にコピーする．

③ データ枠の数を調整する

　データ枠が不足した場合はコピーし，余れば削除する．タイトル枠に直結するデータ枠が1次要因枠，それにつながる要因枠を2次要因とする連鎖構成をとる．

3　矢線でデータ枠を結合してレイアウトを整える

① 因果関係をチェックする

　ラベルを全部読んで，現在のつながり以外に因果関係(施策-目的)があれば矢線で結ぶ．手順は，[オートシェイプ(U)]-[コネクタ(N)]-[直線矢印コネクタ]を指定し，要因→結果の順でラベルの枠をポイントする．

② 空間配置を整える

　全体のバランスを見ながら，要因の関係，矢線のつながりをバランスよく配置する．

4.3 連関図

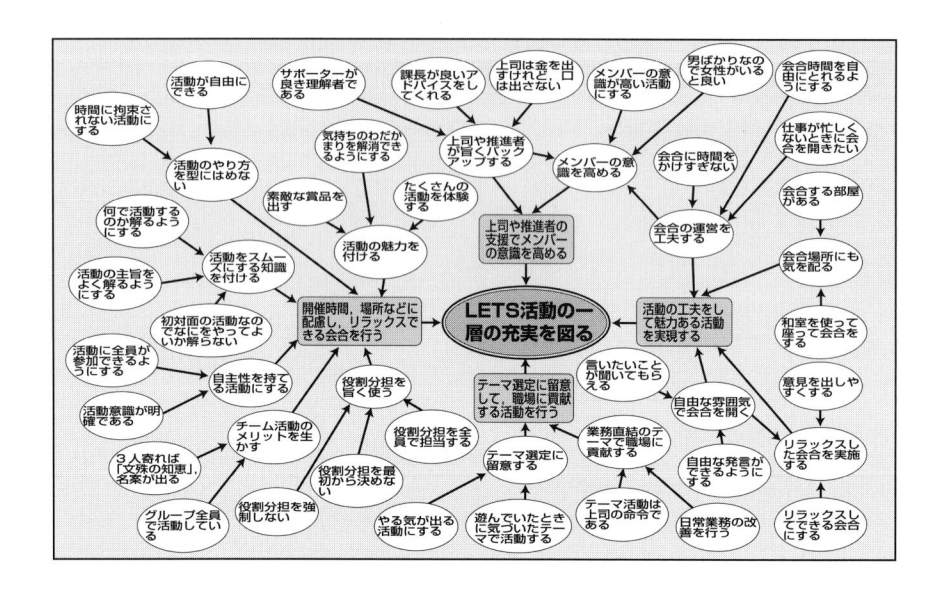

4.4 系統図
(CD-ROM：[e-Tools]-[N7]-[系統図]参照)

系統図とは，問題・課題の着眼点で枝分かれさせながら目的を果たす手段を系統的に考えていくことで，問題解決をするための実施可能な方策を得たり，改善の中身を明らかにする手法である．

1 要因リストを作成する

① 言語データを言語データリストにコピーする
「4.2 親和図」(p.165)と同じ手順で言語データリストを作成する．

② 参考：データ枠を新たに作る
① 系統図の枠にセルを1つずつ適用する．
② データ枠の3次要因を設定する．セルの幅，高さはデータリストの文字数により決定する．通常は一行で表示できる幅を確保する．
③ そのセルと同じ大きさの四角形を図形描画で描く．手順は[オートシェイプ(U)]-[基本図形(B)]-[四角形]を選択し，セルの大きさと同じ大きさの四角形を作る．
④ 2次要因，1次要因はこの3次要因に準じて設定する．
⑤ タイトル枠は縦書きとし，データ枠をコネクタで結ぶ．

2 データ枠に言語データを入れる

① 3次要因をコピーする
3次要因は，言語データリストを貼り付けると自動的に3次要因データ枠に表示される．

② 2次要因，1次要因をコピーする
3次要因と同様に2次要因，1次要因を入力する．上位の要因は，データ枠に直接コピーする方法を用いる．

4.4 系統図

❸ **表示とコネクタをチェックする**

　表示と各要因を結んでいるコネクタの連結をチェック，訂正して完成させる．

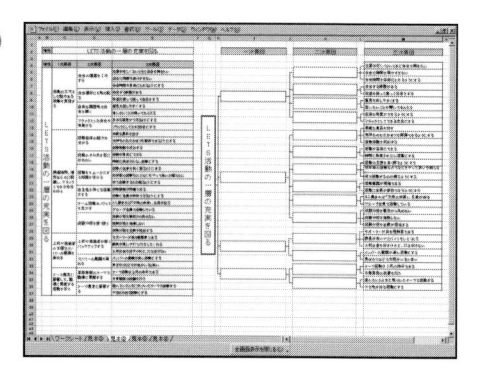

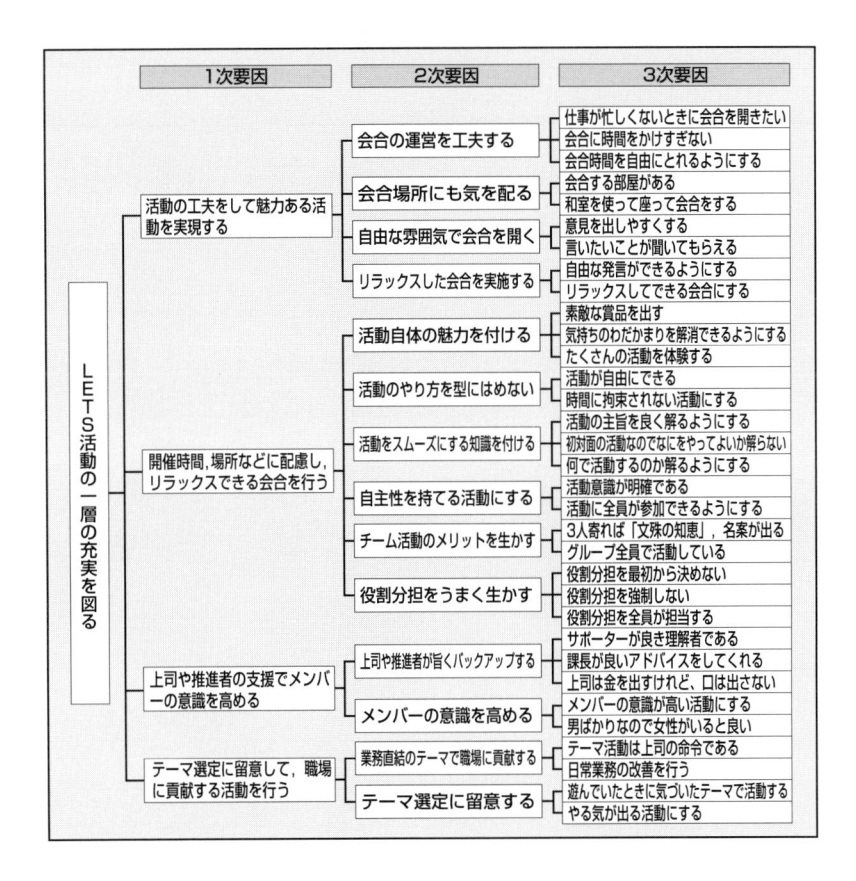

4.4 系統図

	1次要因	2次要因	3次要因
LETS活動の一層の充実を図る	活動の工夫をして魅力ある活動を実現する	会合の運営を工夫する	仕事が忙しくないときに会合を開きたい
			会合に時間をかけすぎない
			会合時間を自由にとれるようにする
		会合場所にも気を配る	会合する部屋がある
			和室を使って座って会合をする
		自由な雰囲気で会合を開く	意見を出しやすくする
			言いたいことが聞いてもらえる
		リラックスした会合を実施する	自由な発言ができるようにする
			リラックスしてできる会合にする
	開催時間,場所などに配慮し,リラックスできる会合を行う	活動自体の魅力を付ける	素敵な賞品を出す
			気持ちのわだかまりを解消できるようにする
			たくさんの活動を体験する
		活動のやり方を型にはめない	活動が自由にできる
			時間に拘束されない活動にする
		活動をスムーズにする知識を付ける	活動の主旨を良く解るようにする
			初対面の活動なのでなにをやってよいか解らない
			何で活動するのか解るようにする
		自主性を持てる活動にする	活動意識が明確である
			活動に全員が参加できるようにする
		チーム活動のメリットを生かす	3人寄れば「文殊の知恵」,名案が出る
			グループ全員で活動している
		役割分担をうまく生かす	役割分担を最初から決めない
			役割分担を強制しない
			役割分担を全員が担当する
	上司や推進者の支援でメンバーの意識を高める	上司や推進者が旨くバックアップする	サポーターが良き理解者である
			課長が良いアドバイスをしてくれる
			上司は金を出すけれど,口は出さない
		メンバーの意識を高める	メンバーの意識が高い活動にする
			男ばかりなので女性がいると良い
	テーマ選定に留意して,職場に貢献する活動を行う	業務直結のテーマで職場に貢献する	テーマ活動は上司の命令である
			日常業務の改善を行う
		テーマ選定に留意する	遊んでいたときに気づいたテーマで活動する
			やる気が出る活動にする

4.5 マトリックス図
(CD-ROM：[e-Tools]-[N7]-[マトリックス図]参照)

マトリックス図は，問題解決のための重要要因や効果的な対策を絞り込むために，洗い出した要因や対策を複数の項目で評価するときなどに用いる．要因や対策を1つずつ評価項目でチェックしたうえで，全体をまとめることができる手法である．

マトリックス図の種類

L型マトリックス図　　　T型マトリックス図　　　X型マトリックス図

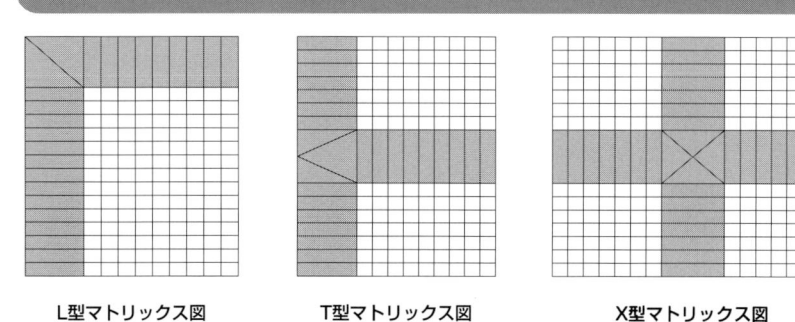

L型マトリックス図の書き方

ここでは最もポピュラーなL型マトリックス図の作り方を説明する．

1　取り上げる事項と要素を決定する

何と何を組み合わせてマトリックス図を作るのかを決める．ここでは，「LETS活動の問題点」を系統図にし，行の要因にはLETS活動での問題点(3次要因)を，列の要因には評価項目をとることにして，系統一マトリックス図の形態をとることにする．

2　マトリックスの枠を作る

① 行と列への要因の割付を決める
マトリックスの割付は行の要因に LETS 活動の問題点(33項目)，列の要因に評価項目(5項目)を割り付けた．

② マトリックスの枠を作る
系統図に，評価項目の合計欄と順位欄を加えた5項目の33×6のマトリックスを組むことにする．上部に評価項目，左部に要因の見出し欄を加えた枠を作る．

① ここでは，要因の欄は系統図を結合した形をとるので，すでに作られた系統図を活用する．
② 評価項目の欄は，貢献度，緊急性，重要度，難易度，コストの5項目と評価結果を点数化して合計値を表示する総合評価で構成する．
③ それらを包含するマトリックスを罫線で作り，評価項目を入力する．

3　評価マークの決定と合計の式を入力する

① 評価マークと評価ウエートを決める
評価は，3段階評価で評価の差が出るように，○：5点，△：3点，×：1点及び関連がない場合には空欄とした．

② 総合評価欄に計算式を入力する
総合評価欄に検索関数を埋め込む．具体的には，セル(S4)に式 [=SUM (COUNTIF(N4:R4, "○") * 5 + COUNTIF(N4:R4, "△") * 3 + COUNTIF (N4:R4, "×") * 1)] を入力し，以降の要因の総合評価欄には，このセルの内容をコピーする．

4　要因を評価する

3次要因を各評価項目ごとに評価する．

4.5 マトリックス図

①　要因を評価する

要因と評価項目の交点で，要因を対応する評価項目で評価し，交点に１点ずつ評価マークを入力する．

②　総合評価を求める

評価した結果をもとに，その交点に評価マークを入力すると総合評価が自動的に計算され，総合評価の欄に数値化されて表示される．

5　順位付けをする

①　総合評価の大きいものを取り上げる

総合評価は自動計算されるので，数値の大きい要因を重要要因として取り上げる．

②　重要要因を色付けする

重要要因に色付けして，取り上げる問題点を明確にする．

4.5 マトリックス図

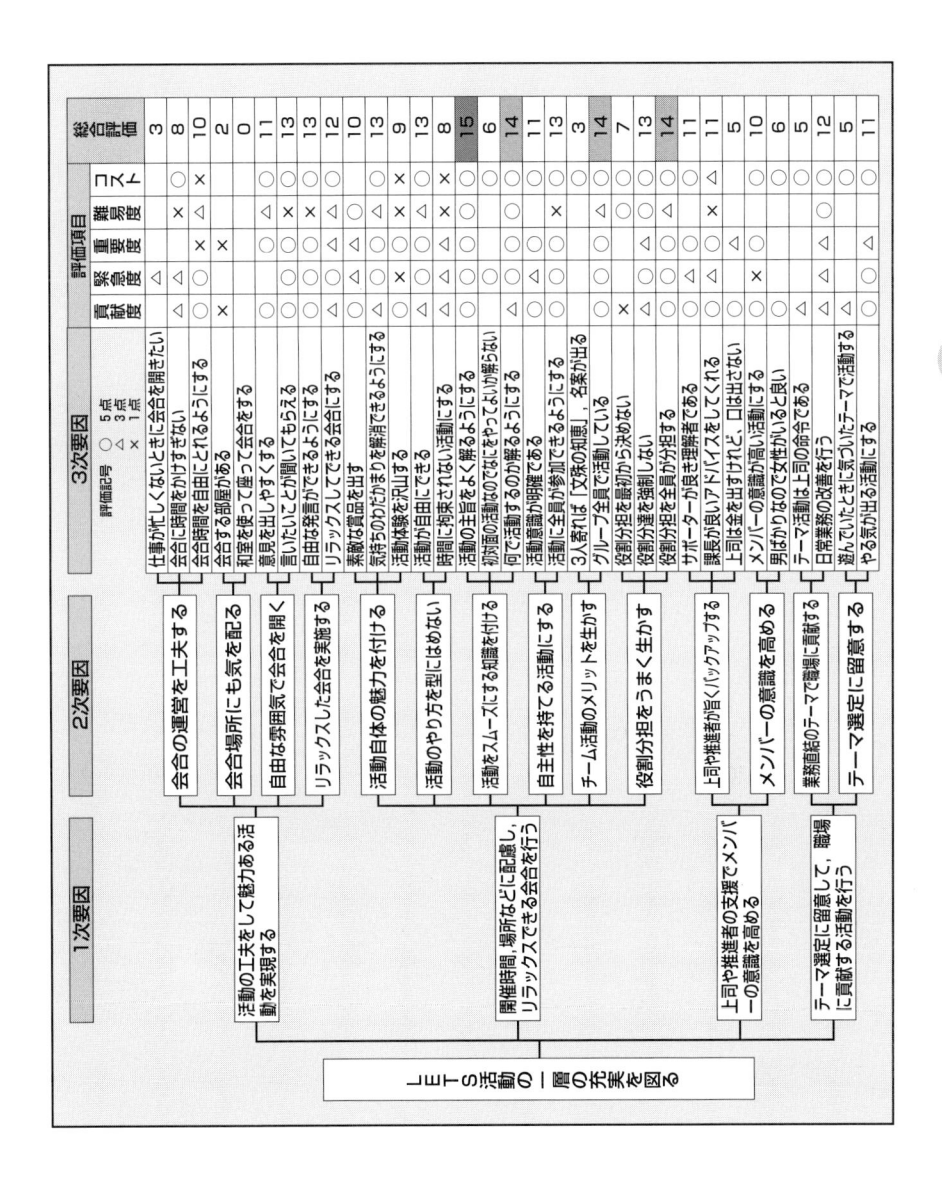

1次要因	2次要因	3次要因	貢献度	緊急度	重要度	難易度	コスト	総合評価
		評価記号 ○5点 △3点 ×1点						
活動の工夫をして魅力ある活動を実現する	会合の運営を工夫する	仕事が忙しくないときに会合を開きたい	△	△	△	×	○	3
		会合に時間をかけすぎない	×	○	△	△	○	8
	会合場所にも気を配る	会合する部屋がある	○	○	×	○	×	10
		程を使って座って会合する	×	△	×	△	○	2
	自由な雰囲気で会合を開く	意見を出しやすくする	○	○	○	△	○	11
		言いたいことか聞いてもらえる	○	○	○	×	○	13
		自由な発言ができるようにする	○	○	○	×	○	13
	リラックスした会合を実施する	リラックスしてできる会合にする	○	○	○	△	○	12
		素敵な賞品を出す	○	○	○	△	○	10
	活動自体の魅力を付ける	気持ちのわだかまりを解消できるようにする	○	○	○	○	○	13
	活動のやり方を型にはめない	活動体験を沢山する	○	×	○	×	△	9
		活動が自由にできる	○	○	○	○	○	13
開催時間,場所などに配慮し、リラックスできる会合を行う	活動をスムーズにする知識を付ける	時間に拘束されない活動にする	○	○	○	○	○	15
		活動の主旨をよく解るようにする	△	△	△	△	△	6
	自主性を持てる活動にする	初期段階の活動なのであまりこだわっていかに絞らない	○	○	○	○	○	14
		何で活動するのか解るようにする	○	○	○	△	○	11
		活動意識が明確である	○	○	○	△	○	13
	チーム活動のメリットを生かす	活動に全員が参加できるようにする	△	△	△	△	△	3
		3人寄れば「文殊の知恵」、名案が出る	○	○	○	○	○	14
		グループ全員で活動している	×	△	△	△	○	7
	役割分担をうまく生かす	役割分担を最初から決めない	○	○	○	○	○	13
		役割分担を主員が分担する	○	○	○	○	○	14
上司や推進者の支援でメンバーの意識を高める	上司や推進者にバックアップする	サポーターが良き理解者である	○	○	○	○	○	11
		課長が良いアドバイスをしてくれる	○	○	○	×	○	11
	メンバーの意識を高める	上司は金を出すだけで、口を出さない	△	×	△	△	○	5
		メンバーの意識が高い活動にする	○	○	○	○	○	10
		男ばかりなので女性がいると良い	△	△	△	△	○	6
テーマ選定に留意して、職場に貢献する活動を行う	業務絡みのテーマで職場に貢献する	日常業務の改善を行う	○	○	○	○	○	5
		テーマ活動は上司の命令である	△	△	△	△	○	12
	テーマ選定に留意する	遊んでいたときに気づいたテーマで活動する	△	△	△	△	○	5
		やる気が出る活動にする	○	○	○	○	○	11

目標: LETSの活動の一層の充実を図る

第4章 新QC七つ道具の書き方

4.6 PDPC法
(CD-ROM：[e-Tools]-[N7]-[PDPC法]参照)

　PDPC法は，事前に考えられるいろいろな事態を想定し，それぞれの事態に対する対応を計画として決めておく手法である．計画遂行過程において事態が変化しても，それぞれに対応する計画をあらかじめ設定しているので，その場になって慌てることなく対応ができ，リスクマネジメントの手法としても活用できる．
　なお，PDPCとは過程決定計画図（Process Decision Program Chart）の頭文字をとったものである．

PDPC 法の特徴

① 経験を生かして先を読み，先回りして行動をとることができる．
② 問題の所在や重要なターニングポイントを明確にできる．
③ 事態をどのように導いて終結を目指しているか，当事者の意図を明らかにできる．
④ 周囲の関係者に意図を正確に伝えられる．
⑤ メンバーの意見を集めて，創意工夫を盛り込んだ修正が容易にできる．

PDPC 法の 2 つのタイプ

① **逐次展開型 PDPC 法**
　出発点からゴールまでの間で想定されるさまざまな状況を考察して，現時点で考えられる対策や事態を図示し，事態の進捗に応じて，計画の修正や追加を行いながら柔軟にゴールを目指す場合に用いる．

② **強制連結型 PDPC 法**
　わずかな変化でも，そのまま放置すると重大な事態，あるいは望ましくない事態になることが予測されるプロセスを多面的，強制的に想定し，重大事態の発生を回避したい場合に用いる．

4.6 PDPC法

PDPC法の書き方

ここでは，逐次展開型PDPC法の書き方を説明する．強制連結型PDPC法の場合は，スタートからゴールまでの経路をあらかじめ強制的に書き上げるので，テーマに精通したメンバーを集め，逐次展開型の作り方を参考にして，多面的に情報を収集して作成する．

記号		意味
□	スタート	課題や問題の出発点
□	実施事項	スタートからゴールに至る過程で実施しようとしている対策や方策
○	状態事象	実施事項を実施した結果，得られるであろう状態，判明するであろう事象
◇	分岐点	状態が「YES」か「NO」に分かれる場合のデシジョンポイント
○	ゴール	結論・まとめ
→	矢線	時間の経過，事態の進展の順序
---▶	点矢線	時間とは関係のない，順序関係や情報の流れ

1　取り上げる事項を決める

❶ テーマとゴールの状態を決める

取り上げる問題点と到達すべきゴールをどの程度のレベル(できれば5W1Hで)にするかを明確にする．

❷ テーマの初期状態を明確にする

問題点の現状あるいは初期状態を明確にする．

❸ 制約条件を明確にする

制約事項があれば明確にし，どのような条件の下での対応かをまとめておく．ここで取り上げる事例では，塗料Aの売り込みを計画し，購買担当者K氏との関係改善による商談成立までのPDPCを作る．

4.6 PDPC 法

2　PDPC のスケルトンを作成する

① スタートとゴールを決める

上段にスタート，下段にゴールを記入する．スタートを太線の四角形，ゴールを2重線の楕円形記号で表す．

② 実行事項を洗い出し，対応を想定する

スタートからゴールまでに実行する事項を洗い出す．また，実行事項に対して予想される事態とその対応を行為・状況・結果などで想定する．

③ 実行事項をフローチャート風に図示化する

スタートとゴールの間に想定した実行事項をはめ込んで矢線で結ぶ．

① 工程は細線の四角形，評価・判断は細線のひし形記号を使う．

② 記号はツールバーの [オートシェイプ(U)]-[フローチャート(F)] の中の処理，結合子などを使い，表現用途に合った図形を活用する．

③ コネクタは同じく [オートシェイプ(U)]-[コネクタ(N)]-[カギ線矢印コネクタ] を使用する．

スタートをK氏への面会申し込み，契約成立をゴールとするプロセスの中で，K氏と親交を結ぶことを計画した．

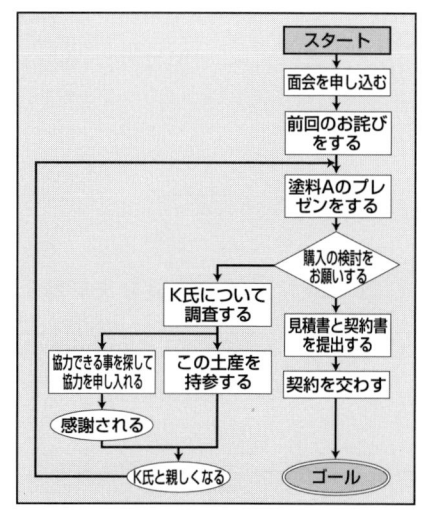

3　項目を充実させる

① メンバーで話し合う

スケルトンをもとにメンバーで予測できる事項を話し合う．

② 話し合った内容を盛り込む

話し合った内容を盛り込んだチャートを作る．

4.6 PDPC法

③ 最も望ましいルートを決める

最も望ましいルートを決め、太い矢線で明示する．線の変更は当該矢線をクリックし、画面のツールバーにある[線のスタイル]を選択し、任意の太さ(ルートが強調される太さ)のものを選ぶ．

④ 矛盾をチェックする

メンバーで全体に矛盾がないかどうかをチェックして修正する．

4 実行中に項目を見直す

① 実績を反映して実行事項の見直しをする

実行途中で状況を検討して、最新の情報のもとで以降の予想される状況を想定し、実施事項を修正して内容をより充実させる．

② 逐次内容を充実させる

実行事項の見直しは節目、節目で行い、そのつど内容を反映させて、予想されるリスクを最小限にして、実施事項を有効に実行する．

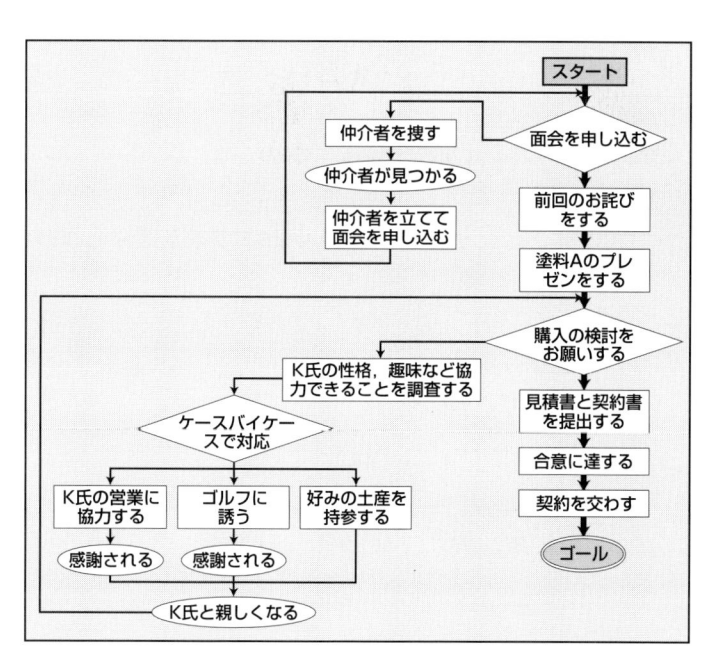

4.7 アロー・ダイヤグラム
(CD-ROM：[e-Tools]-[N7]-[アロー・ダイヤグラム]参照)

アロー・ダイヤグラムとは，計画を推進するのに必要な作業の順序関係を矢線と結合点を用いた図(矢線図，アロー・ダイヤグラム)で表し，日程管理上の重要な経路を明らかにした日程計画の作成や進捗を管理する手法である．

アロー・ダイヤグラムの特徴

① 複雑な処理手順を図示化し，目に見えるようにする．
② 処理(作業)の全体像を把握しやすくする．
③ 作業の余裕時間を見積れ，クリティカル・パスが明確になる．
④ Excelを使って日程計算を自動化すると，日程計画シミュレーションが簡単にできる．

1　日程管理をする作業を洗い出す

❶ 計画している仕事を明確にする

日程管理を計画している仕事を明確にする．

❷ 作業項目を洗い出す

ブレーン・ストーミングなどを用いて，日程に影響を及ぼすと思われる条件も含めた作業項目を可能な限り洗い出す．

① メモ，カードやEメールなどを使って情報を交換しながら記録する．
② 作業名は「発表要旨集作り」，「スライド作り」など，簡単な表現にする．

2　作業を Excel に入力する

❶ 作業名を Excel に入力する

作業名を，1つのセルに1作業を単位としてExcelの同じ列 [B列] に入力する．

4.7 アロー・ダイヤグラム

② 通し番号を入れる

入力した作業名の隣のセル[A列]に作業の順に通し番号を入力する．

③ 作業順に並べ替える

その番号順に並べ替える．並べ替えは，セル(A3:B12)をドラッグし[データ(D)]-[並べ替え(S)]-[最優先されるキー]-[列A]-[昇順]を選択して[OK]をクリックして行う．

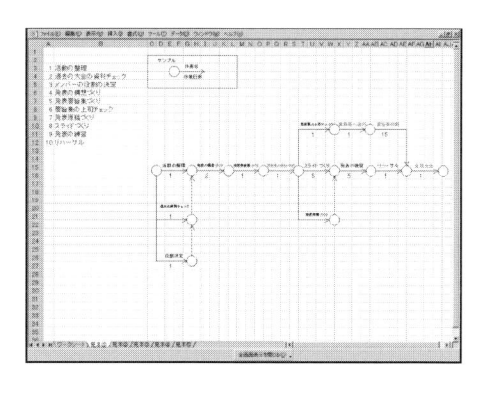

④ 内容をチェックする

作業の内容をチェックして工程に漏れがないかどうかを検討する．作業内容を検討するときは，最初に核となる作業が漏れていないかどうかを検討し，次に細部作業をチェックすると効率よく検討できる．

3　作業を追加・訂正する

① 作業規模の大きさを検討する

作業の1項目ごとに作業規模をチェックする．
① 適切な日程管理をするには，日程の遅れに対して早期に処置のとれる程度の作業規模にする．
② 作業を集約するときは，中心となる作業に集約する．
③ アロー・ダイヤグラム自体の規模をあまり大きくしない(作業数は20～30アイテムをめやすとする)．

② 作業の追加・訂正をする

作業を分割・集約して，作業の追加・訂正をする．

4　作業順序を決定する

① 作業の順序を決める

1つの作業に着目し，その作業の「先行作業」，「後続作業」，「並行作業」を

第4章　新QC七つ道具の書き方　*185*

4.7 アロー・ダイヤグラム

決定する．
① 着目している作業の直前に先行して行うべき作業は何か．
② 着目している作業の直後に後続して行うべき作業は何か．
③ 着目している作業に並行して行うことのできる作業は何か．

名称	記号	意味
作業	→	時間を必要とする個々の作業を示す
結合点	○	作業と作業の区切りで，作業の終了時点および次の作業の開始時点を示す
ダミー	⇢	所要時間ゼロで，単に作業の順序関係を示す

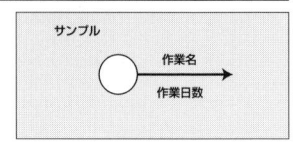

サンプル

❷ Excel に貼り付ける
着目した任意作業を Excel に貼り付ける．Excel のシートは，1 つのセルが四角になるように列を縮小する．

❸ 作業を書き込む
作業は結合点と結合点を結ぶ矢線及び作業名と作業日数で表す．
① 通常はワークシートにサンプルとして貼り付けてある「作業名と作業日数」のセルをコピーする．
② 作業は，順序を決めていくに従って自然に決まっていく．

❹ 全体作業を決める
作業は着目する作業の先行作業と後続作業を確認しながら順次決めていき，その結果で全体の作業の順序を決める．

❺ 作業を並行作業に組み替える
作業全体の効率を高めることを目的として全体を眺め，可能な限り並行して進められるように作業分割や統合をして並行作業を増やし，全体の日程を短縮する．

❻ 図表作成をルール通り行う
図表作成にはルールがあるので注意する．
① 合流点：1 つの合流点に入ってくるすべての作業は，共通の後続作業を持つ．そのため，合流時点ですべての合流する作業が完了していないと後続作業に着工できない．
② 分流点：1 つの結合点から出ていく作業は同じ先行作業を持つ．先行

4.7 アロー・ダイアグラム

作業が終了すれば分岐した作業に同時着工できる．
③ 作業分割：1つの作業はいくつかの作業に分割できる．分割することで直列作業が並行作業となり，作業時間を短縮できることもある．
④ ループ禁止：繰り返し作業のときに矢線をフィードバックしてはならない．同じ作業を直列させて書く．
⑤ 作業のスタートとゴール：共に1つの結合点で表す．
⑥ 疑似作業：実際には作業が発生せず，流れのみの場合は疑似作業(ダミー)として破線の矢線で表現する．

5　作業時間(日数)を見積る

①　見積り条件を決める

作業に関わる人数，作業の方法，費用など，作業日数を見積る条件をあらかじめ決めておく．この条件で作業計画のすべてが決まってくる．

②　日数を見積る

見積りは真にその作業にかかる日数で見積る(準備作業も含める)．余裕をとりすぎると，計画自体が正確さを欠くことになる．

6　作業の抜けや落ちを追加する

①　作業をチェックする

全体を眺めて，重複しているところ，抜けているところ，落ちているところを追加・訂正する．

②　作業を先行・後続・並行で検討する

作業の抜け，落ちの検討は，任意作業を取り上げ，その先行・後続・並行作業を1つずつ検討する．日程を短縮するためには，可能な限り並行作業を増やしていく方向で検討する．

4.7 アロー・ダイヤグラム

7　作業番号を付ける

① 作業番号を付ける

スタートから作業着工の順番で作業番号を打つ．

② 分岐作業も検討する

作業が分岐している場合でも可能な限り着工順に行う．

8　内容を検討して修正する

① 図が完成したら内容を再度確認する

　Excelのシート自体をコピーして別のシートを作り，作業日数の見積りや並行作業などを入れ替えてシミュレーションしてみると検討がしやすくなる．シートのコピー手順は，画面左下にあるシート見出しの中のコピーしたいシートの見出し上で右クリックし，[移動またはコピー(M)]を指定し，[移動先ブック名(T)]でファイル名を，[挿入先(B)]で挿入先を，[コピーを作成する(C)]を指定し，[OK]をクリックしてコピーする．下記の項目は欠かさず検討し，修正する必要があれば訂正する．

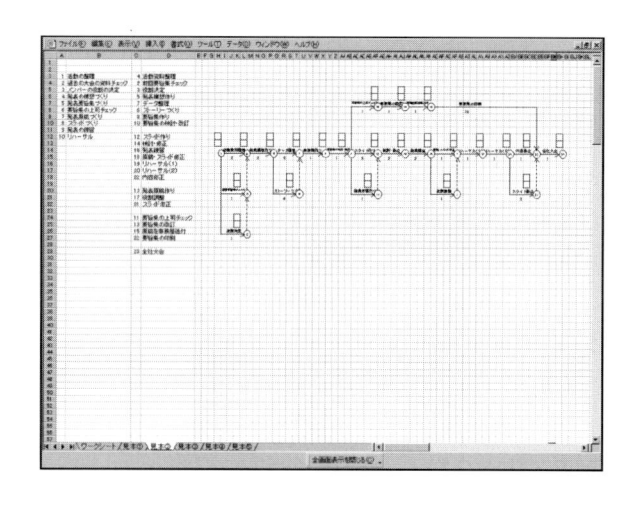

4.7 アロー・ダイヤグラム

- ・作業手順の誤り
- ・並行作業の可能性の検討
- ・作業日数の見積の誤り
- ・作業日数短縮の検討
- ・基礎条件の誤り
- ・アロー・ダイヤグラム作成上の誤り

クリティカル・パスの明確化

　さらにきめ細かい日程計画を管理するために，個々の結合点の開始日程を求め，クリティカル・パスを明確にする．

　作業日数が少しでも狂うと全日程に影響を及ぼしてしまうような作業をクリティカル(危険)作業といい，スタートからゴール間でこのような作業を含む作業日程に余裕のないパスができる．これをクリティカル・パスといい，この経路の作業が遅れないように重点管理する必要がある．

1　最早結合点日程を計算する

　最早結合点日程は，その結合点での作業が最も早く開始できる時刻を指すもので，通常はスタートからの日数で表示する．

❶ 最早結合点時刻を決める

　任意の結合点の最早結合点日程は，スタートから任意の結合点までのそれぞれの作業日数の和である．

❷ 複合パス経由の作業日数を決める

　複数のパスを経て集合する場合の作業日数は，最も大きな値をとる．

❸ すべての作業点で日数を計算する

　例えば，並行作業が集まる結合点④

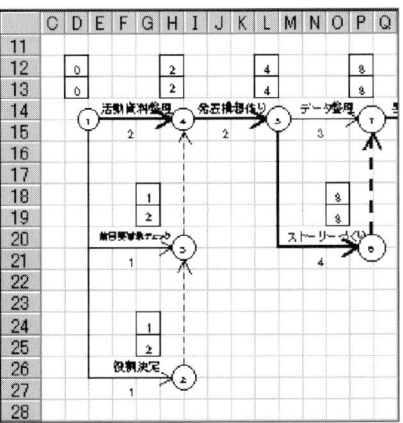

第4章　新QC七つ道具の書き方

での実際の計算は次の通りになる．
- 結合点①は，スタートの結合点のため，最早結合点日程は0日になる．
- 結合点②は，役割決定日数1日を足して「0＋1＝1」で1日．
- 結合点③は，前回の要旨集をチェックする日数1日を足して「0＋1＝1」で1日．
- 結合点④は，活動資料整理日数2日を足して「0＋2＝2」で2日になる．このため，結合点④は集合点のために3つのパスの最大値で2日となる．

❹ 表示は矩形に入れて表示する

各結合点に近い場所に2段重ねにした矩形を置き，その上段に日数を入れて表示する．Excelでは1つのセルを罫線で囲んでこれに当てる．
- 結合点①は，セル(H12)に「0」を入力する．
- 結合点②は，結合点①の最早結合点日程0日を示すセル(H12)と役割決定作業日数1日を示すセル(J27)をもとに，セルK24に式 [=H12＋J27] と入力する．
- 結合点③は同様に，セル(K18)に式 [=H12＋J21] と入力する．
- 結合点④は集合点で3つのパスの最大値をとるので，MAX関数を使いセル(L12)に式 [=MAX(H12＋J15,K18,K24] と入力する．

❺ 分岐・集合点を含め日数計算を行う

分岐点があっても直列作業の部分はそれぞれの総和を，集合点のみはそれ以前の日数の最大値をとり，ゴール点まで同様に行う．

2　最遅結合点日程を計算する

最遅結合点日程とは，ある結合点で終わる作業が遅くとも終了していなければならない日程を指し，スタートからの日数で表示する．このため，納期遅れにならないことを条件にして，その作業が最も遅れても終了しなければならない日程を指す．計算は最早結合点日程で計画が完了した場合の日数をゴールから逆算して行う．

4.7 アロー・ダイヤグラム

❶ 最遅結合点日程を決める

任意の結合点の最遅結合点日程の指す意味は，ゴールの最早結合点日程（納期が決まっているものはその納期に合わせておく）とゴールから任意の結合点までのそれぞれの作業日数の和の差で，その日程までに作業を終了させなければならない期限である．

しかし，実務上はすでに各結合点の最早結合点日程は計算されているので，次の結合点の最早結合点日程からその作業項目の作業日数の差で計算する．

❷ 複合パス経由の日数も決める

結合点から複数のパスへ出て行く場合の作業日数は，結合点における各々のパスの最遅結合点日程で最も小さな値をとる．

❸ すべての作業点で日数を計算する

実際の計算は，次による．

- 結合点㉓はゴールの結合点のため，最早結合点日程の日数29日になる．
- 結合点㉒は，全社大会日数1日を引いて，(29－1＝28)で28日．
- 結合点⑮は，要旨集の印刷日数15日を引いて，(28－15＝13)で13日．
- 結合点㉑は，所要時間ゼロのダミーで結合しているから28日は変わらない．
- 結合点⑳は分岐点であるから，所用日数の大きいスライド修正2日が引かれて，(28－2＝26)で26日になる．

❹ 矩形の下段に表示する

表示は，最早結合点日程の下の段に日数で表示する．

- ゴールの結合点㉓は，セル(BH13)にゴールの最早結合点日程を示す式[=BH12]を入力する．
- 結合点㉒は，結合点㉓の最遅結合点日程のセル(BH13)と全社大会作業日数を表示するセル(BH15)をもとに，セル(BC13)に式 [=BH13 －

BF15]を入力する．
- 結合点⑮は同様に，結合点㉒の最遅結合点日数 28 日から要旨集印刷日数 15 日の差になるので，セル AN6 に式 [=BC13 － AT18] を入力する．
- 結合点㉑は結合点㉒にダミーで結合しているから，セル（BC19）に式 [=BC13] を入力する．
- 結合点⑳は分岐点で最小値をとるので，MIN 関数を使いセル（AZ13）に式 [=MIN(BC13 － BB15, BC19 － BB21)] を入力する．

[5] すべてのパスを経由してスタートまで計算する

分岐点，集合点を含めすべてのパスを経由して，スタート点まで同様に計算する．

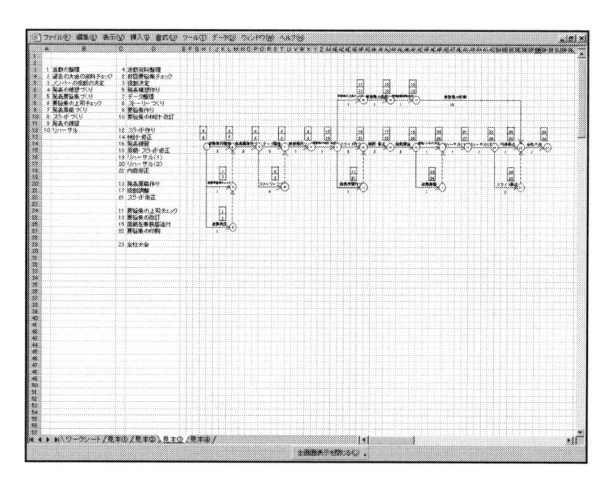

3　クリティカル・パスを検討する

クリティカル・パス全体を検討する．

[1] 最早と最遅結合点日程の差で決める

クリティカル・パスは，作業が最も早く進行している日程である最早結合点日程と作業遅れが許容できる期限である最遅結合点日程との差が最も小さくなる（最もゼロに近い）パスである．この差は作業の進行度合いの幅を示し，ゼロの場合は遅れが許されないパスであることを示すので，このパスに入る作業を

4.7 アロー・ダイヤグラム

重点管理にする．

❷ クリティカル・パスをシミュレーションする

　Excelで組み上げると，作業日数を変えても最早結合点時刻も最遅結合点時刻共に自動的に修正されるので，シミュレーションを行える．このため，作業の進捗に従って作業日数を修正して，全体の作業完了への影響やその影響を最小にする計画を作成することができる．

❸ 太い矢線で表示する

　クリティカル・パスは矢線を太くして明示し，注意を喚起する．

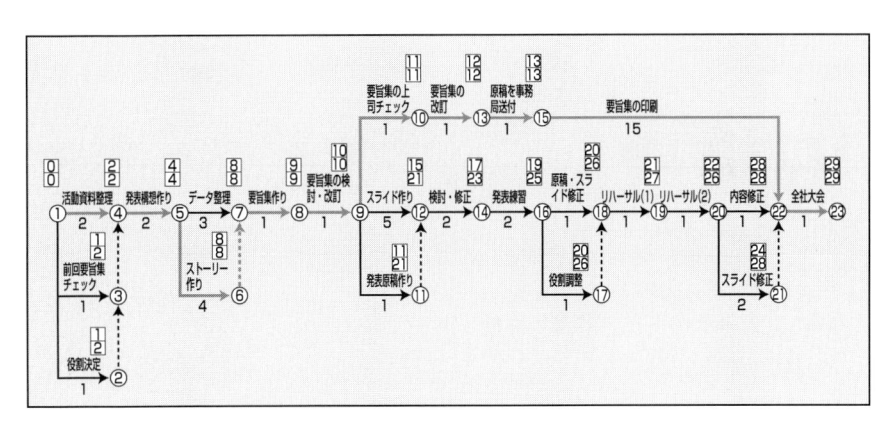

4.8　マトリックス・データ解析法
（CD-ROM：[e-Tools]-[N7]-[マトリックス・データ解析法]参照）

マトリックス・データ解析法とは，個々の指標や特性を変数としてとらえ，変数とサンプルの組み合わせで得た数値データから変数が持つ情報を要約した総合指標(主成分)を求めるものである．この総合指標で変数が持つ特徴を把握するとともに，個々のサンプルを評価できる．言語データを主体にした新QC七つ道具の中で，唯一数値データを扱う手法である．

1　データ収集して表を作る

① データを入力する
対象のデータを収集し，セル(B3:E18)へ打ち込む．

② 罫線で表を作る
罫線はツールバーの[罫線]を使うと便利である．

2　散布図を作成する

① データを指定する
グラフ化するデータのセル(C4:E18)をドラッグして，指定する．

② グラフを選択する
[グラフウィザード 1/4 - グラフの種類] を起動させ，[標準]-[グラフの種類(C)]-[散布図]-[形式(T)]-[散布図] を選択して [次へ] をクリックする．

③ グラフの元データを指定する
[グラフウィザード 2/4 - グラフの元データ]でグラフを作成するデータを選択する．

4.8 マトリックス・データ解析法

① ［系列］-［名前(N)］のクリックボタンで，散布図の名前のセル(C2)を指定する．
② ［Xの値(X)］にセル(D4:D18)を指定する．
③ ［Yの値(Y)］にセル(E4:E18)を入力する．
④ ［系列(S)］-［系列2］-［削除(R)］して系列2で表示されている散布図のプロットを消して，［次へ］をクリックする．

❹ グラフオプションを指定する

［グラフウィザード3/4-グラフオプション］で，［タイトルとラベル］-［X/数値軸(A)］，［Y/数値軸(V)］にX軸とY軸の名称を入力する．
① ［目盛線］-［X/数値軸］-［目盛線(M)］，［Y/数値軸］-［目盛線(O)］を選択する．
② ［凡例］-［凡例を表示する(S)］の選択を消して非表示にする．
③ ［データラベル］-［ラベルを表示する(L)］を選択する．
④ 必要があれば文字の大きさやその他の項目を修正し，［次へ］をクリックする．

❺ グラフの作成場所を指定する

［グラフウィザード4/4-グラフの作成場所］でグラフの作成場所を指定する．

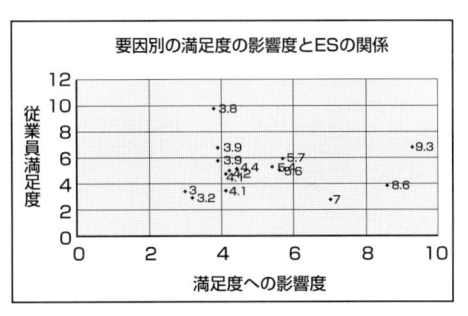

3 散布図を修正する

❶ X軸の目盛を変更する

グラフのX軸目盛部を右クリックし，［軸の書式設定(O)］-［目盛］を選択する．［X/軸数値目盛］-［自動］-［最小値(N)］に(0)，［最大値(X)］に(10)，［目盛間隔(A)］に中間点の(5)を入力する．

❷ Y軸の目盛を変更する

4.8 マトリックス・データ解析法

同様にY軸目盛部を右クリックし，[軸の書式設定(O)]-[目盛]を選択する．[Y/軸数値目盛]-[自動]-[最小値(N)]に(0)，[最大値(X)]に(10)，[目盛間隔(A)]に中間点の(5)を入力する．

③ 散布図のプロット点を修正する

散布図のプロットの形状や色を修正するには，プロット点の上で右クリックし，[データ系列の書式設定(O)]-[パターン]-[マーカー]-[スタイル(L)]でスクロールボタンを押して，任意の形状を選択する．

また，プロットした点の色を変える場合は，[データ系列の書式設定(O)]-[パターン]-[マーカー]-[前景(F)]，[背景(B)]を選び，選択ボタンで任意の色を選択する．

プロット点のサイズを変えるときは，[データ系列の書式設定(O)]-[パターン]-[マーカー]-[サイズ(Z)]のスクロールボタンで任意の[ポイント]を選択する．

④ データラベルを変更する

データラベルの変更は，変更したいデータラベル上で2回クリックして選択し，任意の文字列を打ち込み，データラベルを変更する．

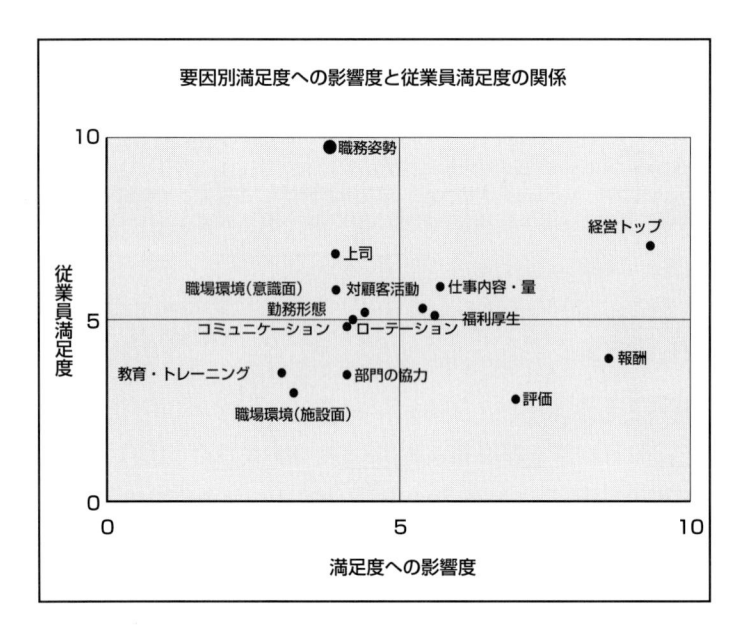

Part 5

改善活動に役立つ その他の手法の書き方

　フローチャートやポートフォリオなど，改善活動にはよく使われるが，QC 七つ道具や新 QC 七つ道具に含まれない手法も多くある．
　第 5 章では，QC 手法以外で改善活動によく使われている手法について，Excel の機能を使って作成する手順を説明する．

5.1 フローチャート
(CD-ROM：[e-Tools]-[その他]-[フローチャート]参照)

フローチャートは，必要な作業や物事の処理順序を，決められた図形を用いて表現したもので，物，人，情報，時間などの流れを正しく理解し，可視化して人に伝えるための手法である．

フローチャートの特徴

① 複雑な処理手順を図示化し，目に見えるようにする．
② 図記号(作業を入れる枠)により，処理(作業)を区別して表示する．
③ 処理(作業)の全体像を把握しやすくする．
④ 処理手順を詳細に表現する．
⑤ 物事の流れ，関連事項，強調事項などについての認識力，理解力が向上する．

フローチャートの作り方

フローチャートはExcelの描画機能を活用して作成する．この機能にはもともと各種のフローチャートに対応した記号が準備されているので，簡単なものから高度な内容を表現することもできる．

1　フローチャートの準備をする

① 目的を明確にする

何を調べたいのか，調査する作業範囲を決め，最初の作業(起点)を明確に決める．

② 処理する手順を書き出す

作業の内容をメモなどに書き出して明確にする．

5.1 フローチャート

2 フローチャートを作成する

❶ 処理手順に配置し，記号で書く

書き方は原則として，左から右へ，上から下へと処理がつながるようにする．

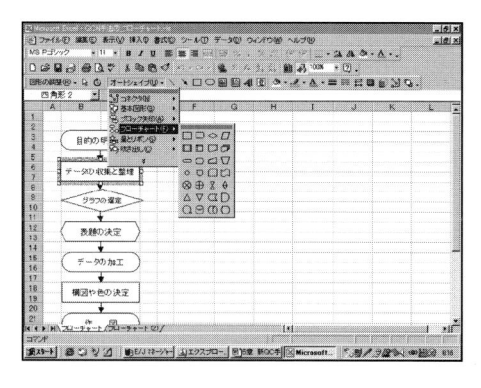

① 記号の大きさ，文字数，配置のバランスなどを考慮しながら，作業の流れに沿って書く．

② 新しく図記号で書くときは，ツールバーの[オートシェイプ(U)]-[フローチャート(F)]で希望の形状を選択して図記号を書き，大きさを修正する．

③ 一度書かれたフローチャートを変更するときは，[図形の調整(R)]-[オートシェイプの変更(C)]-[フローチャート(F)]で希望の形状を選択し，図記号を変える．

④ フローチャートを横書きにした場合は，図記号の上で右クリックして[オートシェイプの書式設定(O)]-[配置]-[方向(N)]で縦文字列を選択し，[OK]をクリックする．

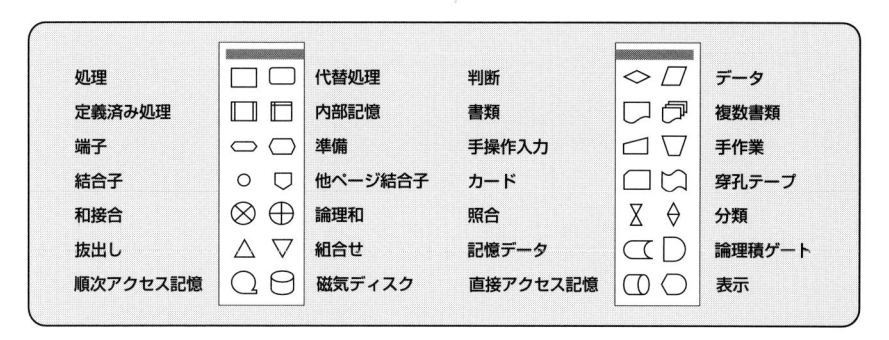

処理	□ □	代替処理	判断	◇ ▱	データ	
定義済み処理	▯ ▯	内部記憶	書類		複数書類	
端子	◯ ◯	準備	手操作入力		手作業	
結合子	○ ▽	他ページ結合子	カード		穿孔テープ	
和接合	⊗ ⊕	論理和	照合	X ◇	分類	
抜出し	△ ▽	組合せ	記憶データ		論理積ゲート	
順次アクセス記憶		磁気ディスク	直接アクセス記憶		表示	

❷ 記号をコネクタでつなぐ

ツールバーの[オートシェイプ(U)]-[コネクタ(N)]-[直線矢印コネクタ]を

第5章 改善活動に役立つその他の手法の書き方

選択して上流側の接続部をクリックし，次に下流側の接続部をクリックして矢線でつなぐ．
  ① 処理（判断記号）がある場合，条件設定がYESまたはNOのときは，原則としてYESが下に流れ，NOが横に流れるように配置し，YES・NOを記入する．
  ② 矢線はできるだけ交差しないように配置する．

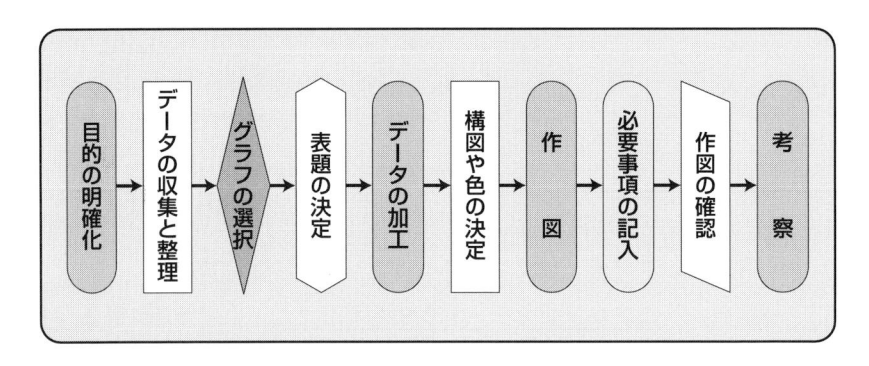

目的の明確化 → データの収集と整理 → グラフの選択 → 表題の決定 → データの加工 → 構図や色の決定 → 作図 → 必要事項の記入 → 作図の確認 → 考察

❸ 作業の内容を記号に打ち込む

当該のフローチャート記号を右クリックし，[テキストの編集(X)]を選択してテキストが打ち込めるようにし，作業名を打ち込む．

文字の位置は，フローチャート記号を右クリックし，[オートシェイプの書式設定(O)]-[配置]-[横位置(H)]-[中央揃え]，[縦位置]-[中央揃え]を選択し，[OK]をクリックして中央に揃える．

❹ 流れを確認する

流れを最初から追ってチェックする．

❺ 考察する

フローチャートから得られる情報をまとめておく．

5.2 プロセス・マッピング
(CD-ROM：[e-Tools]-[その他]-[プロセス・マッピング]参照)

　プロセス・マッピングは，プロセスフローをフローチャートによって書き出して可視化したものである．関係者で話し合いながら問題点の内在している工程やネックになっている工程を洗い出し，その状態や考えられる対策を一覧表にして，その問題点を逐次解決していく手法である．現状を表す「As is シート」と，その現状を把握してプロセスの理想の状況を表したあるべき姿の把握をする「To be シート」がある．

1　仕事の作業を洗い出す

❶ 関係者を集める
問題点を内在しているプロセスの関係者数名(5～6名)に参加してもらう．
① 関係者は，現場で実際に作業している人とその作業をサポートしている人のバランスを考えて集める．
② リーダーは，発言者が発言しやすい雰囲気を作り，発言の偏りや固執が出ないように会話を盛り上げる．
③ 全員が漏れなく発言でき，意見が多く出る人数にする．
④ 異なる階層から参加する場合は，最初に平等の立場で討論することを強調する．

❷ 作業を洗い出す
プロセスの作業を洗い出す．
① 出された作業はすべてExcelのシート(作業洗い出しシート)を使って書き出す．
② 作業名は抽象化せず，具体的に実際に使っている名称で書く．
③ 作業担当部署は無視して，

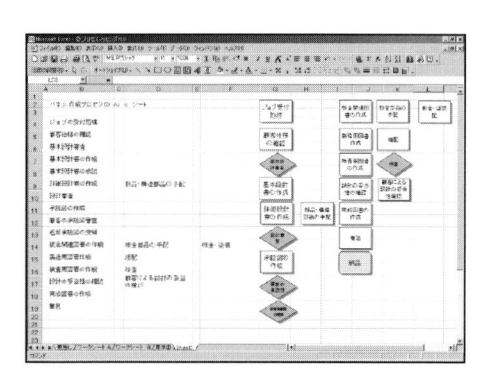

開始から終了に向ける流れに応じて並べる．
④　途中で出てきた作業はどんどん割り込んで書き込む．

2　作業記号に作業名を転記する

①　作業を記号で表す
洗い出した作業を「作業洗い出しシート」上へ，作業記号で書き表す．

②　作業名を書き入れる
作業名を作業記号に転記する．
①　作業や評価など，該当する作業を転記のつど決める．
②　できるだけ作業フローの流れに従って並べる．

③　作業記号を修正する
作業記号の変更は，次の手順で行う．
①　変更する作業記号をクリックする．
②　作業記号の形状の変更手順は，ツールバーにある[図形の調整(R)]-[オートシェイプの変更(C)]-[フローチャート(F)]で該当する記号を選択し，クリックして行う．
③　作業記号の色の変更は，ツールバーにある[塗りつぶしの色]をクリックし，希望の色を選択して変更する．
④　作業名の文字をツールバーにある[フォントサイズ]をクリックして選択し，読める大きさに修正する．

3　As is シートに記入する

①　As is シートに移す
「作業洗出シート」で作業記号に転記した作業を，「As is シート」上にコピーする．
①　「作業洗い出しシート」でツールバーにある[オブジェクトの選択]を使い，作業記号全部を囲い込んで選択する．
②　作業記号の上で右クリックして[コピー(C)]で作業記号をコピーする．

5.2 プロセス・マッピング

③ 下段のシート選択タグで[As isシート]を選択し,切り替える.

④ [オブジェクトの選択]をオフにして,作業記号を貼り付ける余白のあるセル(作業記号群の右上の位置)を選び,右クリックして[貼り付け(P)]を選択して作業記号を貼り付ける.

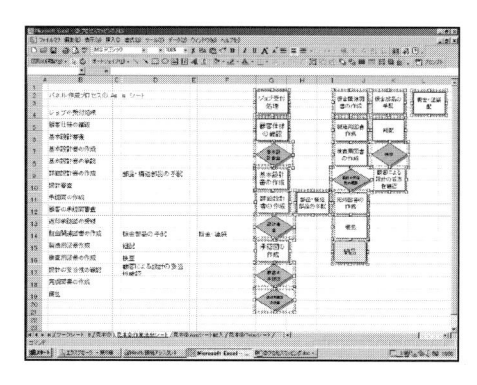

❷ 作業を表現する大きさを決める

作業担当部署あるいは作業担当者など,プロセスの流れの詳しさを表現する単位(区分)を決める.

❸ 作業担当部署に分ける

「開始」から流れに従って,作業記号を担当部署に貼り付ける.

① 作業担当部署での作業の流れは,上から下で表現する.

② 同じ作業担当部署内での作業の流れは,左から右で表現する.

❹ 作業をコネクタで結ぶ

作業記号の配置が終了したら,作業の流れに従ってコネクタで結ぶ.

① コネクタは[オートシェイプ(U)]-[コネクタ(N)]-[直線矢印コネクタ],[カギ線矢印コネクタ]のいずれかを選択する.

② 通常の流れは実線のコネクタを使い,フィードバックの流れ(ルート)は破線で表現する.

③ 実線から破線への切り替えは,変更するコネクタ上で左クリックして選択し,ツールバーの[実線/点線のスタイル]を選択し,破線を指定する.

第5章 改善活動に役立つその他の手法の書き方　*203*

4 問題点を洗い出す

① 問題点を洗い出す

できあがった「As is シート」を参加者で討論しながら，問題点を洗い出す．

- ・作業の流れの中で情報や機能が不足している箇所
- ・作業が集中して複雑になっているところや，後戻り作業やフィードバック作業が多い箇所
- ・タイミングが合わない箇所
- ・作業自体の機能が不足している箇所

② 問題作業にエヘン虫マークを付ける

洗い出した問題箇所に，プロセスの流れに沿って順次エヘン虫マーク☒(問題点)を付け，番号を付ける．

③ 問題点の内容を明確にする

エヘン虫マークをつけた理由(問題点の内容)を，エヘン虫リストに記入する．

5 To be シートを作る

① エヘン虫を退治した姿を表す

「As is シート」に書き表したプロセスのエヘン虫を退治(問題点を解消)した状態を参加者で討論する．

② To be シートに書く

その状態を「To be シート」に表す．問題点をあるべき姿に改善すると，プロセスの流れがスムーズ

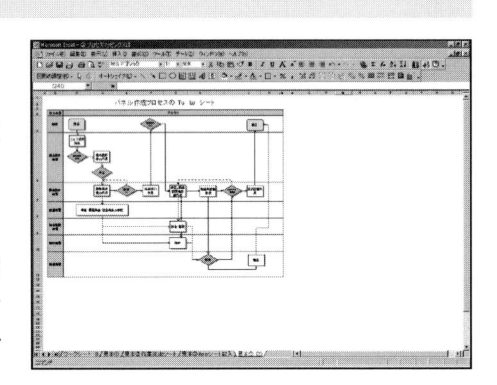

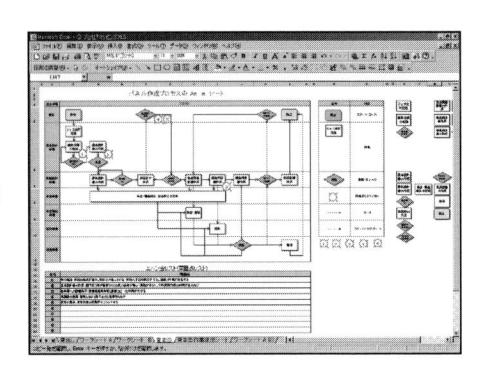

になることが多い．

❸ あるべき姿を目標に改善する

その姿を「あるべき姿」として，問題解決の手順に従って改善する．

5.3 二元表
（CD-ROM：[e-Tools]-[その他]-[二元表]参照）

　二元表とは2つの特性間の関係を表現する分割表で，2×2分割や4×3分割など表の行と列の数で表される．

　通常は列にベンチマーキングなどの調査する項目，行にはベンチマークする自社のレベルとベンチマーク先のレベルなどの比較対象をおき，調査内容を記入・比較して両者の差異によって自社の問題点や利点を把握するときなどに使われる．

　このように普段使っているやさしい手法でも，使う機能の特徴をしっかり把握して活用すると大きな効果を引き出すことができる．

二元表でまとめるときの注意

1 目的を明確にする
　何のために行うのか，目的をはっきりさせる．
2 レベルを明確にする
　比較する項目の水準，比較対象，やり方，水準をはっきりさせる．
3 意見をもらう人を選ぶ
　まとめのときはできるだけ複数の人に参加してもらい，判断が偏らないようにする．

1　二元表を書く

1 二元表を作る
　行に項目，列に比較対象や評価項目，その結果などを記入するマトリックス（二元表）を作る．行数，列数は対象項目数や評価項目数の数で決める．
2 セルの設定をする
　右クリックで［セルの書式設定(F)］-［配置］-［文字の配置］-［横配置(H)］-［標準］，［縦配置(V)］-［上詰め］，［文字の制御］-［折り返して全体を表示する(W)］

5.3 二元表

を選択して全体が見えるようにする．

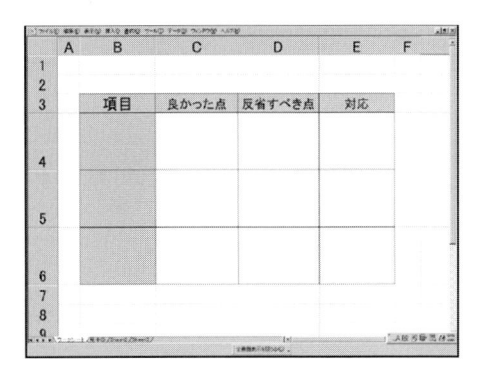

2 内容を入力する

1 内容を打ち込む

対象項目と評価項目の交点に内容を打ち込む．

① 内容が正確に伝わる表現にする．
② 比較対象の違いを際立てるような表現で書く．
③ 事実を表記する．

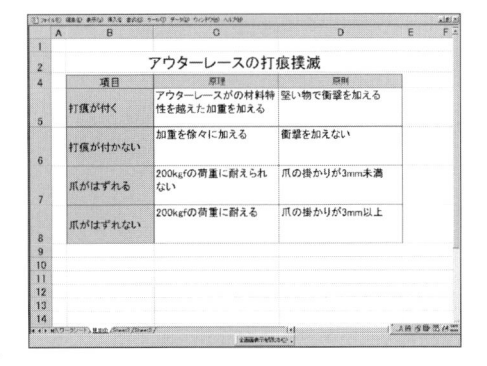

2 表題を付ける

表題は二元表の内容を伝えるものにする．

① 目的を表題にすると内容がよく表れる．
② 表題のセルは，二元表の横幅にあるセルを一体化して表示する．一体化する手順は，必要幅のセルをドラッグし，右クリックで[セルの書式設定(F)]-[配置]-[文字の配置]-[横配置(H)]-[中央揃え]，[縦配置(V)]-[中央揃え]，[文字の制御]-[セルを結合する(M)]を選択してクリックする．さらに，[フォント]-[フォント名]で任意のフォントを，[サイズ(S)]で表の内容より大きめのサイズを選択してクリックする．

5.4　ベンチマーキング・シート
(CD-ROM：[e-Tools]-[その他]-[ベンチマーキング・シート]参照)

　ベンチマーキングとは，お客様に価値を提供するプロセスのパフォーマンスを高めるために，最高水準のプロセスを保有する企業や他職場からベストの方法を学び取り入れることである．

　ベンチマーキング先は，ベンチマーキングする目的とその現状の課題の認識によって決める．ベンチマーキングの種類は，具体的な目標水準の設定を目的とする場合と，プロセスの中身(しくみ・方法)を取り入れることを目的にする場合がある．対象は他部門，同業他社，異業種の他社などがある．

内　容	自社内	競合企業	他企業
パフォーマンス ベンチマーキング (結果系)	社内ベンチマーキング	競合ベンチマーキング	
プロセス ベンチマーキング (原因系)	社内ベンチマーキング	競合ベンチマーキング 機能別ベンチマーキング	広汎的ベンチマーキング

ベンチマーキング実施上の留意点

① 何のために行うのか，目的をはっきりさせる．
② 自身のプロセス，やり方，水準をはっきりさせる．
③ 主体的，能動的に取り組む．
④ ベンチマーキングは手法であり，ベストの方法をいかに取り込むかに重点があることを忘れない．
⑤ 環境の異なる他企業のやり方を単に真似するのではなく，自社の環境に適応させることが，期待した成果を得る唯一の方法であることを忘れない．
⑥ ビジネスマナーに留意するとともに，一緒になって共通の課題(命題)を継続的に検討するという姿勢で，お互いにメリットが生まれるように配慮する(Win-Win，Give & Take)．

5.4 ベンチマーキング・シート

⑦ ベンチマーキングの対象企業とのアポイントに当たっては,胸襟を開いて真摯にお願いすれば,意外と簡単に了解が得られる.行動する前に難しく考えない.

⑧ ベンチマーキングによって得られた情報は,対象先の企業と合意した目的以外に使用しない.また,情報の取り扱いには留意する.

ベンチマーキングの効用

① 自社の強み,弱みを相対的に確認できる.
② 説得力のある目標設定及び計画値の妥当性が得られる.
③ 外部のベンチマーキングをすることによって,社内における過去の成功体験から脱却できる.
④ 新たな気付きによる視野拡大及びブレークスルーの機会が得られる.

1 ベンチマーキングの実施

ベンチマーキングは以下のステップで実施する.実施した結果をベンチマーキングシートにまとめると理解が促進される.

		評価の項目	自 社	サウスウエスト航空
フライト状況	1	引き返す時間(給油と整備)	約60分	15～20分
	2	1日あたりのフライト数	5回以下	10回
	3	機種	複数	1機種(B737のみ)
サービスレベル	1	平均フライト時間	1時間以上	1時間
	2	座席の扱い	指定	自由
	3	食事	機内食	ピーナッツとクラッカー
	4	チケットの発行	90%が旅行代理店経由	約50%が顧客と直接

1 計画を立てる

計画のステップでは「何をベンチマーキングするか」と「どこをベンチマークするか」を絞り込むことが重要である.

① 調査すべき自社の商品やプロセスを選択し,定義する.
② 調査すべき自社の商品やプロセスでの測定基準を明確にする.
③ 調査すべき自社の商品やプロセスの自社能力を評価する.
④ どの企業を調査すべきかを決定する.

2 情報を収集する

情報収集のステップでは,直接対象企業とコンタクトをとる前にできる限り

5.4 ベンチマーキング・シート

の情報を得ておくことが重要である．

① ベンチマーキング対象企業の情報を，インターネットのホームページ，新聞や業界紙の公表されている媒体を通じて収集する．
② ベンチマーキング対象企業とコンタクトをとる．
③ 対象企業を訪問する．

③ 集めたデータを分析する

分析のステップでは，ベンチマーキング対象企業とのギャップを明らかにして，改善すべき点を決定するために，集めたデータを分析する．

① 計画段階で定めた測定基準とのギャップを明らかにする．
② 対象企業でパフォーマンス改善を促進した要因を見つける．

④ 適応策を作り，実行する

ベンチマーキングで最も重要で，かつ難しいのは適応のステップで，いかにすばらしい情報を収集分析しても，実際に自社に適応して実施できなくては何の効果も出ず，それまでにかけた費用と時間が無駄になる．

QCサークル活動の活性化のためのベンチマーキング

ベンチマーキング項目	QCサークル活動	GE社のワークアウト	QCサークル活動の問題点
サークル編成	・同一職場内の活動 ・サークルの継続優先	・クロスファンクション／バウンダリレス ・マネージャーも参加(強力なリーダーシップ)	・職場に限定しすぎている ・一般社員のみに限定 ・職場横断の活動が困難
テーマ選定	・身近な・簡単な問題 ・自主性の尊重	・職場・企業の課題重視(プロセス改善) ・トップダウン(MGRの指導・示唆重視)	・組織・職場にリンクしない ・重要度・緊急度の判断が甘い ・自主性の名のもとの放任
成果の維持	・活動・プロセス重視 ・歯止め軽視 ・目標が甘い(論拠不足)	・フォローアップ重視 ・成果重視 ・目標のストレッチ	・歯止めが形式的で成果が不継続 ・目標が自主設定(非挑戦的)
活動期間	・3カ月，4カ月，半年・年単位でテーマ完結	・スピード重視 ・活動が終了次第解散	・活動期間が長く，スピード感欠如 ・1カ月のものに1年がかり
問題解決	・原因追究型QCストーリーにこだわり ・QC七つ道具にこだわり＝QCは難しい	・6ステップ問題解決を活用 ・言語系の事項などをやさしい手法にして活用	・ステップの流れにこだわり(事務・技術・営業系が反発)
管理職の役割	・自主性の活動・口出し無用 ・「役立たない」の観念	・MGRの役割の明確化 ・権限委譲の促進手段	・できれば不干渉，逃げ ・実質的権限委譲が進まない
活動の形態	・中央集権 ・画一化	・活動のやり方は自由	・多様化する活動に不適

5.4 ベンチマーキング・シート

　他社の良いところの真似ではなく，自社の文化や仕事のやり方を知ったうえで，優れた会社の成功要因を基に新しい実施案を作ることが重要である．
① ベンチマーキングした成功要因を促進した要因(重要成功要因)を自社に適用するための計画を立てる．
② 計画を実施し，自社のプロセスの改善を実現する．
③ 改善した結果を評価し，当初の目的を達成していることを確認する．

5.5 品質表
(CD-ROM：[e-Tools]-[その他]-[品質表]参照)

　品質表とは，市場の抽象的な言語情報を，具体的な技術情報に変換する表である．品質表は，要求品質展開表と品質要素展開表をマトリックスにして二元表に組み合わせ，顧客要求を代用特性に転換できるようにして作成する．

1 品質表のフレームを作成する

❶ 品質表を作る
　品質表のフレームワークを次のように作成する．
　① 通常，マトリックスの行には，要求品質展開表が，列には品質要素展開表が用いられ，それぞれの要素の数で行数と列数が決められる．
　② 対応関係を，強い対応あり：◎＝5点，対応あり：○＝3点，対応が予想される：△＝1点，無関係：無印として重み付けする．

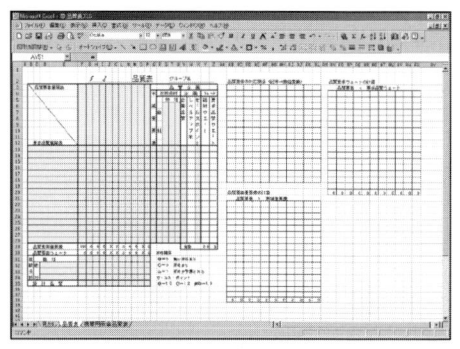

❷ 企画品質の設定を行う
　顧客の要求の程度を市場重要度，比較分析や企画品質などを考慮して決める．
　① 市場重要度には，要求品質の市場での重要度を「1～5」で評価する．
　② 比較分析は，自社及び競合他社を2～3社での要求品質のあるべき姿に対して，どの程度のレベルにあるかを「1～5」で評価する．
　③ 企画品質は，この企画のねらいのレベルを「1～5」で評価する．
　④ レベルアップ率は，市場品質に対する自社品質の比率を計算する．計算はセル(W13)に式 [=IF(Q13="","",V13/R13)] を入力して行う．この式をセル(W14:W28)へコピーする．

⑤ セールスポイントは，要求品質を実現した場合にセールスポイントとなる要素を重み付けする．重み付けは，◎：1.5，○：1.2，無印：1.0とする．

⑥ 絶対品質ウエートは，市場重要度とセールスポイントの積の値で示す．計算はセル(Y13)に式 [=IF(Q13="","",Q13*W13*((X13="◎")*1.5＋(X13="○")*1.2+(X13="")))] を入力して行う．この式をセル(Y14:Y28)へコピーする．

⑦ 要求品質ウエートは，それぞれの絶対品質ウエートの全体での割合で表す．計算はセル(Z13)へ式 [=IF(Q13="","",Y13/$Y$29*100)] を入力して行う．この式をセル(Z14:Z28)へコピーする．

❸ 設計品質の設定を行う

市場重要度や要求品質ウエート，他社比較などを考慮して設計品質を決める．

① 品質要素重要度は，各要素の品質要素と市場重要度の積の合計で示す．この計算は別の表で行い，その結果をセル(F29)へ式 [=AB38] で呼び出す．この式をセル(G29:P29)へコピーする．

② 要求品質ウエートは，各要素の品質要素と要求品質ウエートの積の合計で示す．この計算は別の表で行い，その結果をセル(F30)へ式 [=AN20] で呼び出す．この式をセル(G30:P30)へコピーする．

③ 比較分析は，軽量性など数値で明確に他社比較ができるものは実測値を入れる．

④ 設計品質は，比較分析と同様に数値で表現できる設計品質を表示する．

❹ 品質表の記号を数値変換する

品質表のマトリックスに記入する対応関係の記号を評価点に数値変換するための表を別途作り，自動計算してその結果を品質表で活用する．

① 品質要素の対応関係の表は，品質要素重要度の計算と品質要素ウエートの計算に使用する．計算はセル(AB3)へ式 [=IF(F13="","",(F13="◎")*5＋(F13="○")*3＋(F13="△")*1)] を入力して行う．この式をセル(AC3:AL3，AB4:AL18)へコピーする．

② 品質要素重要度は，品質要素と市場重要度の積で計算する．計算はセル(AB22)へ式 [=IF(AB3="","",AB3*$Q13)] を入力して行い，最下段のセ

ル(AB38)へは合計の式[=SUM(AB22:AB37)]を入力し計算する．これらの式をセル(AC22:AL22, AB23:AL37)とセル(AC38:AL38)へコピーする．

③　品質要素ウエートは，品質要素と要求品質ウエートの積を計算する．計算はセル(AN4)へ式[=IF(AB3="","",AB3＊$Z13)]を入力して行い，最下段のセル(AN20)へは合計の式[=SUM(AN4:AN19)]を入力し計算する．これらの式をセル(AO4:AX4, AN5:AX19)とセル(AO20:AX20)へコピーする．

品質表は着色部の目的に応じて，文字列，記号，数値を入力する．

2　品質表にデータを記入する

① 要求品質を入力する

顧客ニーズを言語データで把握し，整理したものを要求品質として取り上げる．言語データの表現は主語＋述語の形で簡素化する．

② 品質要素を入力する

対象の品質要素を展開して記入する．展開する際は体系的に処理し，抜けを防止する．

③ マトリックス評価を入力する

個々の要求品質と設計要素の交点を対応関係(p.212参照)で評価する．

④ その他の入力を行う

市場重要度，比較分析などの着色された部分は，品質表のフレームワークの説明に応じて，数値や記号を入力する．

5.5 品質表

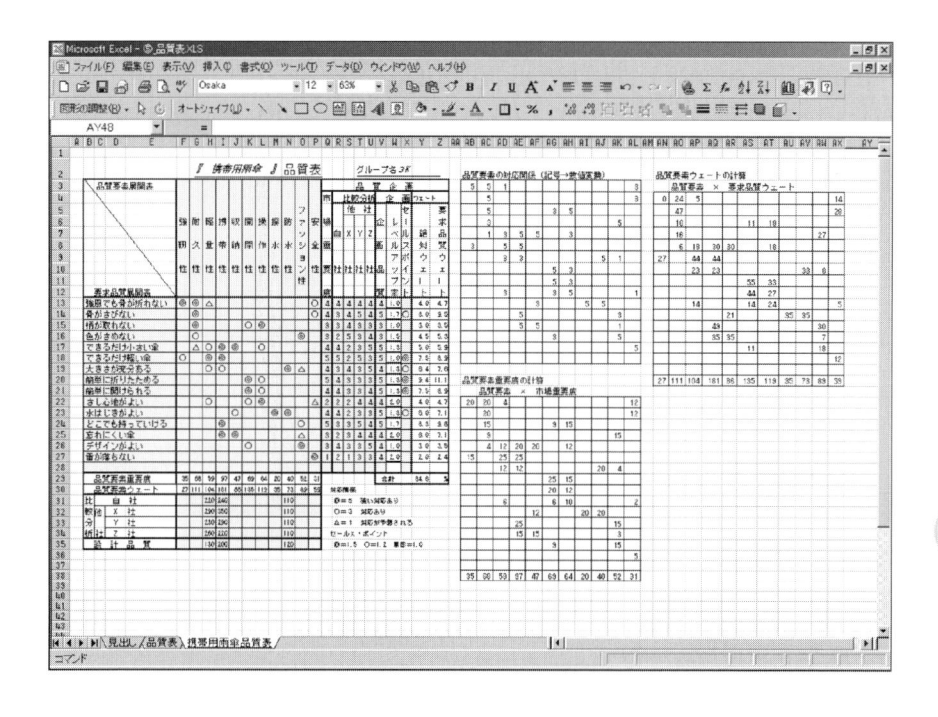

5.6 ポートフォリオ

(CD-ROM：[e-Tools]-[その他]-[ポートフォリオ]参照)

　ポートフォリオは，2つの特性(ここでは製品成長率とシェア)の関連を4象限に分け，(第1象限を「スター」，第2象限を「問題児」，第3象限を「負け犬」，第4象限を「金のなる木」と呼ぶ)スターのエリアに入るもの(シェア・成長率とも大きい)をいかに増やすかを考える．問題児エリアにあるものは成長率は見込めるがシェアがないので，いかにシェアを増やすか．負け犬エリアのものは成長率・シェアともに低いので，その分野からの撤退を図る．成長率が小さく，シェアが大きい金のなる木のエリアのものは成長率の拡大を図る．このように，どの象限に位置するのかで対応を明確にする手法である．

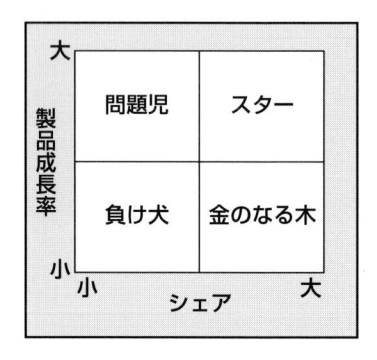

1　データを収集し，表を作る

①　ポートフォリオを構成する特性を決める

　ポートフォリオを構成する2軸の特性を決め，評価する対象の数のセルを設定する．

②　データを収集する

　対象のデータを収集し，セル(B4:E9)へ打ち込む．

③　罫線で表を作る

　罫線はツールバーの[罫線]を使うと便利である．

	A	B	C	D	E
2					
3			緊急度	重要度	ボリューム
4		Aタスク	10	10	60
5		Bタスク	8	2	40
6		Cタスク	2	1	15
7		Dタスク	8	3	11
8		Eタスク	8	8	25
9		Fタスク	2	9	3
10					

5.6 ポートフォリオ

2 ポートフォリオを作成する

❶ グラフ化するセルを指定する
グラフ化するセル範囲(C4:E9)を指定する.

❷ グラフを選定する
[グラフウィザード1/4-グラフの種類]を起動させ,[グラフの種類(C)]-[バブル]-[形式(T)]-[バブルチャート]を選択して,[次へ]をクリックする.

❸ グラフの元データを指定する
[グラフウィザード2/4-グラフの元データ]-[系列]を選択する.
① [Xの値(X)]にデータ範囲表示エリア右側にあるボタンを押し,データのXの値を入力してあるセル範囲(C4:C9)を指定する.
② [Yの値(Y)]にセル範囲(D4:D9)を,[サイズ(Z)]にセル範囲(E4:E9)を指定し,[次へ]をクリックする.

❹ グラフオプションを指定する
[グラフウィザード3/4-グラフオプション]でグラフの詳細を指定する.
① [タイトルとラベル]-[X/数値軸(A)]のエリアに[緊急度],[Y/数値軸(V)]のエリアに[重要度]と入力する.
② [目盛線]-[X/数値軸]の[目盛線(M)],[補助目盛線(I)],[Y/数値軸]の[目盛線(O)],[補助目盛線(G)]のいずれかに指定があれば外す.
③ [凡例]-[凡例を表示する(S)]の指定を外す.

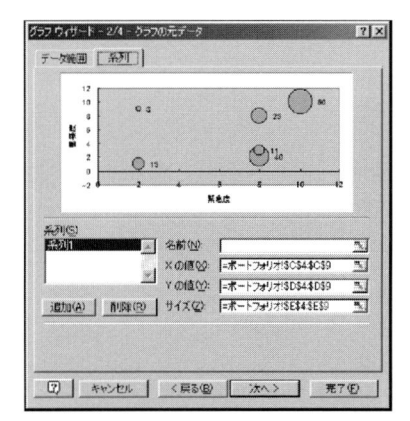

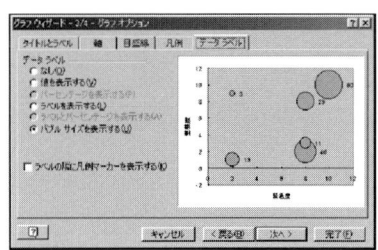

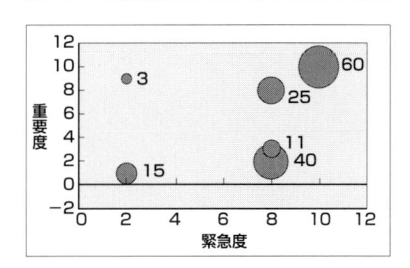

第5章 改善活動に役立つその他の手法の書き方

5.6 ポートフォリオ

④ [データラベル]-[バブルサイズを表示する(U)]のボタンをオンにし，[次へ]をクリックする．

5 グラフの作成場所を指定する

[グラフウィザード4/4-グラフの作成場所]：グラフの作成場所を指定する．

3　ポートフォリオを修正する

1 グラフの書式や色を修正する

目盛幅などの不適切な部分を修正する．ここではY軸の目盛が不適切なので修正する．Y軸上で右クリックし，[軸の書式設定(O)]-[目盛]-[最小値(N)]の値を「0」に設定して，[OK]をクリックする．

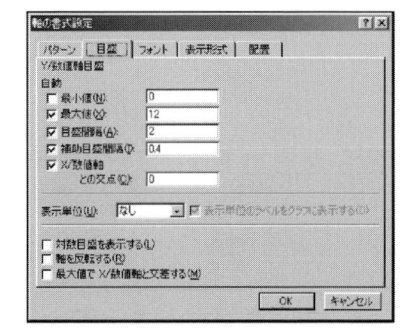

2 データ名称を修正する

バブルチャートの右側の[サイズ]表示をクリックして，データの名称を変更する．変更方法は，変更するデータラベル上で2回クリックして文字枠を呼び出し，名称を入力して[Enter]する．

3 分割線を記入する

象限を分ける分割線を記入すると見やすくなるので，ツールバーの[直線]を用いて，X, Y軸の中心に分割線を入れる．

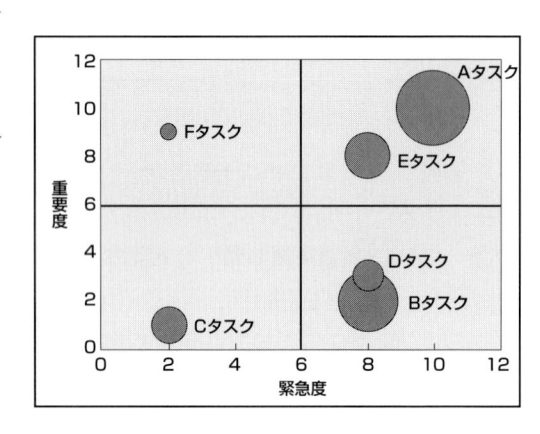

5.7 ブレーン・ライティング
(CD-ROM：[e-Tools]-[その他]-[ブレーン・ライティング]参照)

ブレーン・ライティング(BW法)は、ドイツ人のホリゲルが開発した635法をフランクフルトのバッテル研究所のスタッフが改良したアイデア発想法で、発想とその評価のステップの分離やブレーン・ストーミング(BS法)の4つのルール(批判禁止・自由奔放・質より量、結合・改善の奨励)など、BS法の長所を受け継いだアイデア発想法である。アイデアを用紙に書き付けることで、人前で持論をあまり披露しないという日本人に向いた手法である。

1 BW法実施の準備をする

① 座る場所と配置

電話などで会合が中断されないような、雑音が少なく、落ち着ける場所を選ぶ。
① 机の周りに参加者が車座に座る。
② テーブルはできれば円形のものがよい。

② BW用紙の用意

BW用紙(BWシート)を参加人数分用意する。参加者にはシャープペンシル、消しゴムなど筆記用具を持参してもらう。
① BWシートの欄の数は、参加者の人数以上が必要である。
② アイデアを深堀したいときは、欄の数を増やしておく。

③ 参加者の選択

参加人数は、4～10人程度がよい。
① 必要なアイデアの数を見込んで人数を集める。アイデア数は、人数×3×(時間/5分)で算出する。あまり多くの人数を集めるとアイデアの集約に時間がかかるので、5～7人程度が最適な人数になる。

5.7 ブレーン・ライティング

② テーマに直接関わっている人を半分として，違う分野の人や知識者にも参加してもらう．
③ 権力・権限を振り回す人は避ける．

④ リーダーの選択

リーダーシップがあり，明るい気楽な雰囲気作りをして参加者をリラックスさせ，発言を多く引き出すことのできる人を選ぶ．

⑤ タイムキーパーの選択

リーダーの指定したカード記入時間を守るように誘導するなど，時間を管理する能力のある人を選ぶ．

2 BW法を実施する

① 目的を明確にする

BW法を実施する目的を参加者にしっかりと理解してもらえるようにリーダーは心を配る．
① 全員で，アイデア発想をする目的をよく理解する．
② 目的をグループで検討することも目的の共有化に役立つ．
③ 達成の条件をあらかじめ決めておく．

② テーマを具体的に決める

① テーマは具体的にすればするほどアイデアが出やすくなる．
② 具体的にするほど解釈に違いが出ず，ベクトルが同一方向に向きやすくなる．

③ BW用紙を持って車座に座る

① メンバー同士がお互いに見渡せるように車座に座る．
② 記入し終わったBW用紙を手渡すことができる位置に座る．

④ 5分間で3つアイデアを書く

① 1枠に1つのアイデアを明確に書く．
② 内容を抽象化せず，短文で書く．
③ 主語と述語で構成する．
④ 絶対にブランクのまま隣へ渡さないようにする．

5.7 ブレーン・ライティング

⑤ 漢字を忘れたら平仮名やカタカナを使う．

5 指示でBW用紙を回す

① 用紙は右側の人（最初に決める）に順次渡す．
② 前の人のアイデアをよく読む．

6 5分間でさらに3つ追記する

① 最初のアイデアの主旨を生かして，次のアイデアを発想する．
② 一回りするまで，5分間に3つのアイデアを書いては次に回す．
③ 前のアイデアを継承したときは，枠の境に↓（矢印）を記入する．
④ カテゴリーが違うアイデアに移るときは，－（太線）を引く．

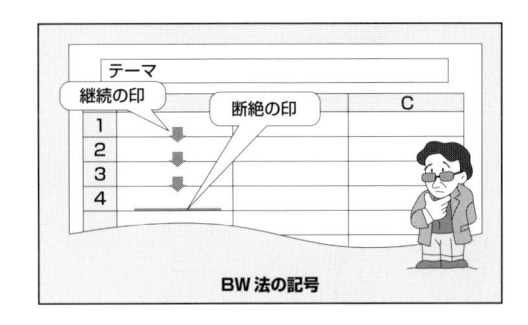

BW法の記号

継続・断絶マークを使用した例

	A	B	C
テーマ：QCストーリーを積極的に使うには			
1	七つ道具を知る	使う意欲を盛り上げる	メンバーを集める
2	必要を体験する	手法を使っての改善の良さを知る	面白くなる仕組みを作る
3	使ってみる	改善活動が業務以外の余分なものとの観念を捨てる	会合予定日に外出時間は計画しない
4	トレーニングを受ける	良さを知って，押し付けられている反発心の発生を防ぐ	改善して仕事の暇を作る
5	推進者は情熱を傾ける	使い方になれ，データの整理に時間をかけない	時間を作る
6	今更知らないとは言えないようにする	データの種類を押さえる	日常業務に優先順位をつけて実行する
7	身近なものにする	手作業でやらない	QCサークル活動で仕事を改善する
8	忘れないようにする	サイバー活動を使う	活動を利用する
9	使うのがおっくうがらない	対応支援ソフトの勉強をする	道具を使った経験を持つ
10	難しいものだと思わずに使う	分散化する	活動経験をつむ
11	使い勝手を覚える	気軽に使う環境を整備する	使い方を勉強する

継続・断絶マークを使用せずに自由に発想した例

	A	B	C
テーマ：LETS活動の一層の充実を図る			
1	サポーターが良き理解者である	日常業務の改善を行う	リラックスしてできる会合にする
2	課長が良いアドバイスをしてくれる	初対面の活動なのでなにをやってよいか解らない	意見を出しやすくする
3	3人集まれば「文殊の知恵」，名案が出る	時間に拘束されない活動にする	役割分担を最初から決めない
4	活動が自由にできる	会合に時間をかけすぎな	役割分担を強制しない
5	上司は金を出すけれど，口は出さない	活動意識が明確である	気持ちのわだかまりを解消できるようにする
6	活動の主旨をよく解るようにする	何で活動するのか解るようにする	役割分担をできる者がやる
7	活動は上司の命令である	自由な発言ができるようにする	会合時間を自由にとれるようにする
8	仕事が忙しくないときに会合を素敵な賞品を出す		言いたいことが聞いてもらえる
9	メンバーの意識が高い活動である	グループ全員で活動している	男ばかりなどで女性がいると良い
10	会合する部屋がある	和室を使って座って会合する	活動に全員が参加できるようにする
11	遊んでいたときに気づいたテーマで活動する	やる気が出る活動にする	たくさんの活動を体験する

第5章 改善活動に役立つその他の手法の書き方

引用・参考文献

1) 杉浦 忠,山田佳明:『QC サークルのための QC ストーリー入門』,日科技連出版社,1991 年.
2) 杉浦 忠,山田佳明:『続 QC サークルのための QC ストーリー入門― STEPS とサイバー活動のすすめ』,日科技連出版社,1999 年.
3) 杉浦 忠,他:『こんなにやさしいアイデア発想法―自分が変わる・仕事が変わる』,日科技連出版社,1999 年.
4) 杉浦 忠:「戦略的方針管理とバランスト・スコアカードを活用した戦略的 QC サークル活動」,『クォリティマネジメント』,日本科学技術連盟,2002 年 5 月.
5) 杉浦 忠:「方針管理と結ばれたテーマの選び方―戦略的テーマ選定の方法論」,『QC サークル』,日本科学技術連盟,2002 年 6 月.
6) 杉浦 忠:『e-ビジネス時代に自分を生かす―魅力的プレゼンのスキル』,品質月間委員会,2000 年.
7) 鐵 健司:『新版 品質管理のための統計的方法入門』,日科技連出版社,2000 年.
8) 長田 洋:『TQM 時代の戦略的方針管理』,日科技連出版社,1996 年.
9) R. S. キャプラン,D. P. ノートン,桜井通晴(訳):『戦略バランスト・スコアカード』,東洋経済新報社,2001 年.
10) 長島牧人:『戦略立案のテクニック』,日科技連出版社,1997 年.
11) 長島牧人:『戦略的組織のフレームワーク』,日科技連出版社,1999 年.
12) 大藤 正,小野道照,赤尾洋二:『品質展開法―品質表の作成と演習』,日科技連出版社,1990 年.
13) 内田 治:『すぐわかる EXCEL による品質管理』,東京図書,1998 年.

索　引

ア　行

As is シート　201
あるべき姿の把握　11, 13
アロー・ダイヤグラム　184
e-STEPS　39, 40
　——とは　42
　——の使い方　39, 55
　——の作り方　50
e-Tools　39, 40, 52, 56
　——の使い方　39
　——の変更のしかた　62
ウィザード機能の使い方　48
Excel　40, 43
　——の基本的な使い方　58
X-R 管理図　137
$\bar{X}$-R 管理図　125
$\bar{X}$-s 管理図　133
np 管理図　139
Me-R 管理図　135
L 型マトリックス図の書き方　176
円グラフ　78
帯グラフ　82
折れ線グラフ　76

カ　行

解決策の立案　12, 14
改善活動に役立つその他の手法の書き方　197

課題達成型 QC ストーリー　9
ガントチャート　83
管理状態の判定　124
管理図の種類　122
　——と見方・使い方　121
管理図の判定　122
管理図の用語の説明　121
機械別に層別　156
決める型の活動　3
決める型の QC ストーリー　3
QC ストーリー　2
　——の形態　9
QC 七つ道具の書き方　69
強制連結型 PDPC 法　180
グラフの作成手順と種類　70
グラフの種類と活用法　70
グラフの特徴　70
クリティカル・パス　189
系統図　173
原因究明　7
　——型 QC ストーリー　9
　——で解決する問題　7
原因の解析　13, 14
言語データの層別　160
現状打破　7
　——で解決する課題　7
現状の把握　11, 13
工程能力指数　114

索　引　225

——の計算　　114
顧客ニーズから魅力的品質を創造する
　　課題　　7
顧客ニーズ把握型QCストーリー
　　10

|　　　　サ　行　　　　|

散布図　　92
c管理図　　145
実施と効果の把握　　12, 14
CD-ROMのコンテンツ　　40
CD-ROMの使い方　　40
CD-ROMの開き方　　40
新規業務　　8
　　——に対応する課題　　7
新QC七つ道具の書き方　　159
親和図　　165
ステップ1　テーマの選定　　16
ステップ2　あるべき姿の把握　　20
ステップ3　現状の把握　　23
ステップ4　原因の解析　　26
ステップ5　解決策の立案　　28
ステップ6　実施と効果の把握　　31
ステップ7　フォローアップ　　34
ステップ8　レビュー　　36
STEPS（Solution Technique for Enterprise Problem Solving）　　1, 10, 12
　　——とは　　10
　　——の実施手順　　16
ステップの選択　　15
戦略的テーマ選定　　4
層別　　153
　　——した散布図　　95

　　——ヒストグラムの書き方　　116

|　　　　タ　行　　　　|

担当者別に層別　　157
チェックシート　　102
逐次展開型PDPC法　　180
調査（記録）用チェックシート　　102
テーマ選定　　11, 13
点検用チェックシート　　105
テンプレート機能の使い方　　44
統計量の計算方法　　151
統計量の種類と選び方　　151
To beシート　　201
特性要因図　　98

|　　　　ナ　行　　　　|

二元表　　206

|　　　　ハ　行　　　　|

バランスト・スコアカードの活用　　5
パレート図　　87
PowerPoint　　40, 43, 44, 48
p管理図　　142
ヒストグラム　　108
　　——の書き方　　109
　　——の見方　　108
PDPC法　　180
品質機能展開の活用　　6
品質表　　212
フォローアップ　　12, 14
不適合モード別に層別　　157
ブレーン・ライティング　　219
プロアクティブ・ミーティング　　17

プロセス・マッピング　201
フローチャート　198
プロット点の並び方とくせの読み方
　123
ベンチマーキング・シート　208
棒グラフ　73
ポートフォリオ　216

マ　行

マトリックス図　176
　──の種類　176

マトリックス・データ解析法　194
魅力的品質　8
問題・課題の4つの種類　7

ヤ　行

u管理図　148

ラ　行

レーダーチャート　80
レビュー　12, 14
連関図　170

[著者紹介]

杉浦　忠
1941年生まれ

現　　職　㈲マネジメントクォルテックス　代表取締役社長（元　横河電機㈱経営品質部部長）
　　　　　QCサークル本部幹事，QCサークル本部指導員，QCサークル関東支部京浜地区顧問，QCサークル上級指導士，日本品質管理学会事業委員，日本ナレッジマネジメント学会第1研究部会副部会長

著　　書　『QCサークルの基本』（共著），『QCサークルのためのOHP入門』（共著），『いきいきQCサークルこれが決め手』（共著），『QCサークルのためのカット集』（第Ⅰ集，第Ⅲ集），『QCサークルのための研修ゲーム入門』（共著），『QCサークルのためのQCストーリー入門』（共著），『続QCサークルのためのQCストーリー入門』（共著），『ExcelとPowerPointを使った問題解決の実践』，以上日科技連出版社

ExcelとPowerPointを使った問題解決の実践
―― QCストーリーと活用手法の新展開 ――

2002年8月8日　第1刷発行
2009年6月18日　第10刷発行

　　　　　　　　　　　　著　者　杉　浦　　　忠
　　　　　　　　　　　　発行人　田　中　　　健

検印省略

発行所　株式会社日科技連出版社
〒151-0051　東京都渋谷区千駄ケ谷5-4-2
電　話　出版　03-5379-1244
　　　　営業　03-5379-1238〜9
振替口座　東京　00170-1-7309

印刷・製本　中央美術研究所

Printed in Japan

Ⓒ T. Sugiura 2002
ISBN978-4-8171-0483-0
URL　http://www.juse-p.co.jp/

絶賛発売中！

QCサークルのための
QCストーリー入門
― 問題解決と報告・発表に強くなる ―

杉浦　忠・山田佳明 著
A5判　214頁　2色刷

　本書は，職場の問題解決をはかったり，報告書をまとめ，体験談として OHP を作成して発表したりするときに活用する QC ストーリーを，事例を用いてわかりやすく解説している．
　とくに，「QC ストーリーの各ステップの事例」「報告書の社内・社外の事例」「OHP シートと発表原稿の事例」など，事例を豊富に掲載しているので，QC ストーリーを活用するためのポイントを平易につかむことができる．

続 QCサークルのための
QCストーリー入門
― STEPS とサイバー活動のすすめ ―

CD-ROM付　Windows対応

杉浦　忠・山田佳明 著
A5判　270頁　2色刷

　本書は，第 I 部で従来の原因究明型，課題達成型，顧客ニーズ把握型の問題解決の手順を統合した STEPS（ステップス）の活用手順と事例，第 II 部で QC サークル活動にパソコンの優れた機能を取り入れて新しい活動を展開するサイバー活動の進め方とサイバー・プレゼンテーションのやり方などを図解しながら解説．
　さらに添付した付録 CD-ROM には，本書の概要，活用事例，トレーニングテキスト，ワークシート，クリップアート（カット類）などを収録しているので，本書を実践したり研修する際に役立つよう工夫されている．

★日科技連出版社の図書案内はホームページでご覧いただけます．
URL http://www.juse-p.co.jp/

●日科技連出版社